全国工会干部培训基础教材

工会财务工作概论

全国工会干部培训基础教材编写委员会◎编

中国工人出版社

图书在版编目（CIP）数据

工会财务工作概论 / 全国工会干部培训基础教材编写委员会编 . —
北京：中国工人出版社，2023.3
ISBN 978-7-5008-8097-4

Ⅰ . ①工… Ⅱ . ①全… Ⅲ . ①工会工作 – 财务管理 –
中国 – 干部培训 – 教材 Ⅳ . ① D412.67

中国国家版本馆 CIP 数据核字（2023）第 025699 号

工会财务工作概论

出 版 人 董 宽
责任编辑 周子欣 安 静
责任校对 赵贵芬
责任印制 栾征宇
出版发行 中国工人出版社
地　　址 北京市东城区鼓楼外大街45号 邮编：100120
网　　址 http://www.wp-china.com
电　　话 （010）62005043（总编室）
（010）62005039（印制管理中心）
（010）62382916（工会与劳动关系分社）
发行热线 （010）82029051 62383056
经　　销 各地书店
印　　刷 北京市密东印刷有限公司
开　　本 660毫米×960毫米 1/16
印　　张 14
字　　数 160千字
版　　次 2023年3月第1版 2024年12月第6次印刷
定　　价 34.00元

全国工会干部培训基础教材
编写委员会

团结动员亿万职工
为全面建设社会主义现代化国家
贡献力量（代序）

王东明

党的二十大是在全党全国各族人民迈上全面建设社会主义现代化国家新征程、向第二个百年奋斗目标进军的关键时刻召开的一次十分重要的大会，是一次高举旗帜、凝聚力量、团结奋进的大会，为新时代新征程党和国家事业发展、实现第二个百年奋斗目标指明了前进方向、确立了行动指南。必须深刻领会大会精神实质、把握核心要义、明确奋斗目标，在全面学习、全面把握、全面落实上下功夫，团结动员亿万职工在新征程上踔厉奋发、勇毅前行，为实现第二个百年奋斗目标贡献智慧和力量。

深刻领悟“两个确立”的决定性意义，把“两个维护”落实到工会工作各方面全过程

党的二十大在政治上、理论上、实践上取得了一系列重大成果。习近平同志在党的二十届一中全会上继续当选中共中央总书记，充分反映了全党全军全国各族人民的共同心愿和习近平总书记的崇高威望，充分展示了全党全国上下在以习近平同志为核心的党中央团结带领下战胜前进道路上一切风险挑战、开创美好未来的坚定信心和决心，是全党上下拥护“两个确立”、做到“两个维护”的生动实践和真实体现。

党的十八大以来，党和国家面临的形势之复杂、斗争之严峻、改革发展稳定任务之艰巨世所罕见、史所罕见，习近平总书记以高超的政治智慧、强烈的历史担当、卓越的领导能力和“我将无我，不负人民”的崇高境界，带领全党全军全国各族人民攻坚克难、砥砺前行，推动党和国家事业取得历史性成就、发生历史性变革。实践充分证明，新时代十年的伟大变革，根本在于有习近平总书记作为党中央的核心、全党的核心领航掌舵，在于习近平新时代中国特色社会主义思想的科学指引。“两个确立”是党在新时代取得的重大政治成果，是推动党和国家事业取得历史性成就、发生历史性变革的决定性因素。

习近平总书记高度重视工人阶级和工会工作，对工会坚持党的领导提出明确要求，强调工会工作做得好不好、有没有取得明显成效，关键看有没有坚持正确政治方向；坚持正确政治方向，一言以蔽之，就是要坚持中国共产党领导和社会主义制度；只有坚持党的领导，工会工作才能方向明确、不走偏路，才能做得有声有色、扎实有效；在坚持党的领导这个根本问题上，工会必须旗帜鲜明、立场坚定。回顾百年来党领导的现代工人运动史，我国工会坚定不移在党的领导下开展工作，与历史同步伐、与时代共命运，为党和国家事业发展作出了重要贡献。

党的十八大以来，全总和各级工会始终把坚持党的领导作为工会工作的最高政治原则和根本保证，把深入学习贯彻习近平新时代中国特色社会主义思想作为首要政治任务，健全学习新时代党的创新理论的制度性安排，准确把握其基本观点、核心要义、科学体系、根本要求；完善党组（党委）会议“第一议题”制度，第一时间传达学习、第一时间狠抓落实习近平总书记重要指示批示、党中央重大决策部署；完善向党中央请示报告重大事项制度，探索与省级党委协调推进工会工作的机制，完善全总定期听取省级工会工作报告和意见建议制度；以党的政治建设为统领加强党的各项建设，全面推进工会系统从严治党，营造风清气正的良好政治生态。党的十八大以来工会工作取得重要进展和新成效，根本在于始终坚持党对工会的领导，在于始终坚持以习近平新时代中国特色社会主义思想为指导。

当前，世界百年未有之大变局加速演进，新一轮科技革命和产业变革深入发展，国际力量对比深刻调整，我国发展进入战略机遇和风险挑战并存、不确定难预料因素增多的时期。面对严峻复杂的形势，最重要的就是要始终坚持“两个确立”，坚决做到“两个维护”，这是党在新时代十年伟大变革中积累的宝贵经验，是党和国家的前途命运所系、全国各族人民的根本利益所在，是党团结带领全国各族人民全面建设社会主义现代化国家、夺取新的伟大胜利的根本政治保证。新征程上，各级工会组织和广大工会干部必须深刻领悟“两个确立”的决定性意义，进一步增强“四个意识”、坚定“四个自信”、做到“两个维护”，坚定不移在思想上政治上行动上同以习近平同志为核心的党中央保持高度一致。坚持不懈强化理论武装，深刻把握习近平新时代中国特色社会主义思想的世界观和方法论，坚持运用贯穿其中的立场观点方法，切实用以指导实践、推动工作、破解难题。自觉同习近平总书记重要指示批示精神、重要论述、党中央决策部署要求对标对表，真正把拥护“两个确立”、做到“两个维护”体现在行动上，落实到工作中。面向基层和一线职工，广泛开展多种形式的宣传宣讲，推动“两个确立”更加深入人心、“两个维护”成为广大工会干部和职工群众的自觉行动。

引领职工听党话、跟党走，汇聚起亿万职工团结奋斗的磅礴力量

党的二十大立足新时代新征程的历史方位，深刻分析我国发展面临的形势和挑战，对全面建成社会主义现代化强国两步走战略安排进行了宏观展望，重点部署了未来5年的战略任务和重大举措，发出了为全面建设社会主义现代化国家、全面推进中华民族伟大复兴而团结奋斗的伟大号召。

习近平总书记强调，党和人民取得的一切成就都是团结奋斗的结果，团结奋斗是中国共产党和中国人民最显著的精神标识。团结才能胜利，奋斗才会成功。新时代十年，我们以奋发有为的精神把新时代中国特色社会主义推向前进，创造了一个个令人刮目相看的人间奇迹，靠的就是全党全国各族人民万众一心、勇往直前、团结奋斗。汇聚起亿万人民团结奋斗的磅礴伟力，离不开扎实有效的思想政治引领。通过卓有成效的思想政治引领，把亿万职工思想统一起来、共识凝聚起来、力量激发出来，工会重任在肩、使命在肩。

党的十八大以来，全总和各级工会认真履行引导职工群众听党话、跟党走的政治责任，把学习贯彻习近平新时代中国特色社会主义思想作为加强思想政治引领的第一位任务，通过理论宣讲、劳模宣讲、演讲比赛、知识竞赛等方式，把“大学习”的课堂搬到工厂车间、生产一线，推动习近平新时代中国特色社会主义思想进企业、进车间、进班组。加强对习近平总书记关于工人阶级和工会工作的重要论述的学习贯彻和研究阐释，推动重要论述在工会系统和广大职工中落地生根。深入开展“永远跟党走、奋进新征程”、“喜迎二十大、建功新时代”等系列宣传教育活动，培育和践行社会主义核心价值观，“中国梦·劳动美”的价值引领深入基层、扎根职工。大力弘扬劳模精神、劳动精神、工匠精神，组织劳模、工匠人才进校园、进企业，发布全国“最美职工”、“大国工匠年度人物”，努力营造劳动光荣的社会风尚和精益求精的敬业风气。加强重点领域重点群体职工思想政治工作，创新工作方式方法，强化网上思想引领，推动思想政治工作传统优势与信息技术深度融合，加强对职工的人文关怀和心理疏导，建设健康文明、昂扬向上、全员参与的职工文化。

全面建设社会主义现代化国家，是一项伟大而艰巨的事业，前途光明，任重道远，更加需要坚定信念、鼓舞斗志，更加需要同心同德、团结奋斗。新征程上，工会必须牢记“三个务必”，牢牢把握团结奋斗的时代要求，把巩固团结奋斗的共同思想基础作为思想政治引领的重要内容，不断创新职工思想政治工作，引导广大职工坚定中国特色社会主义道路自信、理论自信、制度自信、文化自信，不断增强对中国共产党领导和中国特色社会主义制度的政治认同、思想认同、情感认同，自觉把人生理想、家庭幸福融入国家富强、民族复兴的伟业之中，更加紧密地团结在以习近平同志为核心的党中央周围，坚定不移听党话、矢志不渝跟党走，为实现党的二十大确定的目标任务团结奋斗。

贯彻党的全心全意依靠工人阶级方针，组织动员亿万职工在新征程上建功立业

党的二十大报告指出，从现在起，中国共产党的中心任务就是团结带领全国各族人民全面建成社会主义现代化强国、实现第二个百年奋斗目标，以中国式现代化全面推进中华民族伟大复兴。这是站在历史和时代的高度，全面把握党和国家事业发展新要求、人民群众新期待，向全党全国各族人民发出的动员令。

习近平总书记强调，工人阶级是我国的领导阶级，是我国先进生产力和生产关系的代表，是我们党最坚实最可靠的阶级基础。我国工会是中国共产党领导的工人阶级群众组织，团结动员广大职工群众为实现党在不同历史时期确立的纲领、目标和中心任务而努力奋斗是工会的重要使命。新民主主义革命时期，工会按照党确立的符合当时形势的工运策略和活动方式，提高工人阶级的政治觉悟，动员工人群众开展各种形式的斗争，团结动员广大职工为实现民族独立、人民解放而奋斗；社会主义革命和建设时期，工会动员带领广大工人坚决响应党的号召，焕发国家主人翁精神，为建立和巩固人民当家作主的新政权、建立独立的比较完整的工业体系和国民经济体系而奋斗；改革开放和社会主义现代化建设新时期，工会坚持围绕中心、服务大局，团结动员广大职工为坚持和发展中国特色社会主义而奋斗。

党的十八大以来，全总和各级工会围绕国家重大战略、重大工程、重大项目、重点产业，组织职工广泛深入持久开展多种形式的主题劳动和技能竞赛，开展“小发明、小创造、小革新、小设计、小建议”等群众性创新活动；加强劳模、工匠和职工学习阵地建设，示范带动创建各级各类创新工作室8万多家；成功举办首届大国工匠创新交流大会，习近平总书记向大会致贺信；推荐多名一线工人获得国家科技进步奖，职工创新创造活力显著提升。扎实推进产业工人队伍建设改革，成立推进产业工人队伍建设改革工作领导小组，产业工人思想引领、建功立业、素质提升、地位提高、队伍壮大等改革措施有效落实，改革取得重要阶段性成效，产业工人在推进高质量发展中的主力军作用更加突出。

党的二十大擘画了以中国式现代化推进中华民族伟大复兴的宏伟蓝图，把宏伟蓝图变成美好现实，根本上要靠包括工人阶级在内的全体人民的劳动、创造、奉献。新征程上，工会必须牢牢把握为实现中华民族伟大复兴的中国梦而奋斗的我国工人运动时代主题，充分发挥工人阶级主力军作用，团结动员亿万职工为推进中国式现代化建功立业。围绕建设教育强国、科技强国、人才强国，深化产业工人队伍建设改革，抓好抓实职工素质提升工作，加快构建产业工人技能形成体系，推动健全落实高技能人才培养、使用、评价、激励、保障机制，畅通技能人才流动渠道，努力建设一支宏大的知识型、技能型、创新型产业工人大军，为推进中国式现代化提供坚实人才和技能支撑。

坚持以人民为中心的发展思想，扎实做好工会维权服务工作

党的二十大报告通篇贯穿人民至上的根本立场和以人民为中心的发展思想，强调“江山就是人民，人民就是江山”，强调“为民造福是立党为公、执政为民的本质要求”，对“增进民生福祉，提高人民生活品质”作出安排部署，充分体现了以习近平同志为核心的党中央矢志不渝、坚守初心的政治本色和深厚为民情怀，体现了我国社会主义制度的本质和优越性，顺应了历史发展大势和人民群众期盼。

习近平总书记指出，我们党的根本宗旨就是为人民群众办好事，为人民群众幸福生活拼搏、奉献、服务；要想人民之所想，行人民之所嘱，不断把人民对美好生活的向往变为现实；工会要认真履行维护职工合法权益、竭诚服务职工群众的基本职责，把服务职工、维护职工合法权益的大旗牢牢掌握在手中，哪里的职工合法权益受到侵害，哪里的工会就要站出来说话。扎实做好维权服务工作，是工会落实以人民为中心的发展思想、践行全心全意为人民服务根本宗旨的必然要求。

党的十八大以来，全总和各级工会认真履行基本职责，推动修改《中华人民共和国工会法》、《中国工会章程》，将工会基本职责拓展为“维护职工合法权益、竭诚服务职工群众”。助力落实“六稳”、“六保”任务，深入细致做好职工就业创业服务，推动就业优先战略和积极就业政策落实落地。以货车司机、网约车司机、快递员、外卖配送员等为重点，出台推进新就业形态劳动者建会入会和权益保障工作的指导性文件，大力推行“重点建、行业建、兜底建”模式，推进互联网百强企业建会，2021年度全国互联网百强企业全部实现建会突破，工会组织覆盖和工作覆盖取得阶段性进展，推动解决了一批新就业形态劳动者的急难愁盼问题。做优做强送温暖、金秋助学、阳光就业、职工医疗互助、工会法律援助等工作，开展提升职工生活品质试点，将20家工会帮扶中心和50家企业（工业园区）纳入全总试点单位，各省（区、市）和新疆生产建设兵团总工会开展省级试点。加强服务职工阵地建设，建设“劳动者港湾”、“爱心驿站”等工会户外劳动者服务站点10.58万个，累计投入资金18.66亿元。将城市困难职工解困脱困作为重点工作，主动融入党政工作大盘子，通过建档立卡、精准施策、强化评估、压实责任等具体举措，推动549.87万户困难职工家庭全部如期实现解困脱困。贯彻落实党中央国务院《关于构建和谐劳动关系的意见》，推动健全党政主导的维权服务机制，努力把劳动关系矛盾化解在基层、化解在萌芽状态。贯彻总体国家安全观，坚决维护劳动领域政治安全，加强相关工作体系建设，健全劳动关系风险监测、分析、研判、预防机制和职工队伍稳定风险排查化解机制，促进职工队伍团结统一与社会和谐稳定。

党的二十大对保障和改善民生、扎实推进共同富裕作出重要部署，为工会围绕中心、服务大局，履行好维权服务基本职责提供了重要契机。新征程上，工会必须始终坚持以职工为中心的工作导向，不断深化自身改革和建设，保持和增强政治性、先进性、群众性，有效发挥党联系职工群众的桥梁纽带作用。积极参与涉及职工切身利益的法律法规政策的制定修改，推动健全劳动法律法规体系。推动落实就业优先政策，推动健全就业促进机制，加强困难群体就业兜底帮扶，推动完善工资平等协商机制、正常增长机制、支付保障机制，健全向一线职工倾斜的分配制度，推动提高劳动报酬在初次分配中的比重，在促进共同富裕中更好发挥工会作用。积极推动完善以职工代表大会为基本形式的企事业单位民主管理制度，依法保障职工知情权、参与权、表达权、监督权，在发展全过程人民民主中保障职工民主政治权利。加快构建以普惠性服务和精准帮扶为重点的工会服务职工体系，着力提升质量和实效。巩固拓展城市困难职工解困脱困成果，推动解困脱困与提升职工生活品质有效衔接，健全困难职工家庭常态化帮扶机制，不断提高职工群众的获得感、幸福感、安全感。增强忧患意识、坚持底线思维，发扬斗争精神、增强斗争本领，密切关注降薪裁员、欠薪欠保、劳资纠纷、生活困难等可能引发的突出风险，积极推进“法院+工会+人社+司法”四方联动机制建设，推动构建和谐劳动关系，在维护企业和社会大局和谐稳定中更好发挥工会组织作用。

党的二十大吹响了新时代新征程奋勇前进的号角。我们要进一步增强学习领会贯彻落实党的二十大精神的自觉性和坚定性，找准工会贯彻落实党的二十大精神的切入点、结合点、着力点，切实把党中央提出的战略部署转化为工会的实际行动，充分展示工会在推进中国特色社会主义事业中的新担当新作为。

（本文系全国人大常委会副委员长、中华全国总工会主席王东明同志在2022年12月16日《求是》杂志发表的署名文章）

目　录
CONTENTS

第一章 工会财务工作概述

第一节 工会财务工作的基本概念

工会财务工作是与工会组织的产生、存在和发展紧密相连的工会经济管理工作，承担着收好、用好、管好工会经费的任务，是工会整体工作一个必不可少的组成部分。工会财务工作伴随着工人运动的兴起、工会组织的建立和工会活动的开展而不断发展，并形成了自己的指导思想和工作特点，为维护工人阶级的经济利益和政治权利，实现工人阶级的历史使命发挥着重要的物质保障作用。

全国总工会成立近 100 年来，在新民主主义革命时期、社会主义革命和建设时期、改革开放和社会主义现代化建设新时期、中国特色社会主义新时代的各个时期，始终坚定不移跟党走，与党和人民的事业同呼吸、共命运。我们党在百年奋斗历程中，始终重视加强对工人运动的领导，始终贯彻全心全意依靠工人阶级方针，始终注重发挥工人阶级主力军作用。特别是党的十八大以来，习近平总书记高度重视工人阶级和工会工作，主持召开党的历史上第一次中央党的群团工作会议，指导制定加强和改进党的群团工作的意见。习近平总书记关于工人阶级和工会工作的重要论述，是习近平新时代中国特色社会主义思想的重要组成部分，是在新时代推动工会工作创新发展的强大思想武器和根本遵循。工会财务工作要以习近平新时代中国特色社会主义思想为指导，深入贯彻党的二十大精神，始终坚持正确政治方向，紧紧围绕党和国家工作大局及工会工作全局，努力为工会事业发展提供服务与保障。

一、工会财务工作的含义

工会财务工作是各级工会组织及其所属企事业单位，在谋求自身生存发展和履行工会的社会职能过程中，主要以货币反映并监督工会运营，对筹集、分配、运用资金的活动进行管理的行为。

工会财务工作包括财务管理和会计工作两部分。财务管理侧重于控制和参与预测、决策及对经济工作的调节，包括财务管理体制与经费分成，预（决）算管理，经费收缴、使用与管理，财务监督检查等。会计工作侧重于反映和监督经济活动过程，包括填制会计凭证、登记账簿、编制报表、财产清查等。

恩格斯在《英国工人阶级状况》一书中指出，工会产生后要成立“基金会”，建立“簿记”，“用金钱帮助失业工人”，“成立一个委员会来收取每周的会费和监督这些会费的开支，使其合乎工会的利益”。毛泽东同志于1921年11月在题为《所希望于劳工会的》文章中指出，“工会是工人组织的，所以工人应该自己养活工会，更进则准备罢工基金和选举基金，现在不能遽言及此。我以为无论如何第一步要办到凡入工会的工人每人必出至低限度的月捐，少至一个铜元都可；第二步办到自己养活工会。这一点很要紧”。

工会的资金运动及其所体现的经济关系具有其自身的特殊规律性，使工会经济活动在社会经济活动总体中构成相对独立的方面，从而形成工会财务工作。

工会财务具有相对独立的特性，工会财务工作既有预算会计的属性，又有财务会计的属性。按照《中华人民共和国工会法》（以下简称《工会法》）的有关规定，全国总工会负责制定工会经费使用的具体办法，由各级工会组织遵照执行；工会应当根据经费独立原则，建立预算、决算和经费审查监督制度；各级工会建立经费审查委员会；各级工会经费收支情况应当由同级工会经费审查委员会审查，并且定期向会员大会或者会员代表大会报告，接受监督；工会经费的使用应当依法接受国家的监督。各级工会组织执行《工会会计制度》；各级工会组织所属独立核算的企业，执行《企业会计准则》和《企业会计制度》；各级工会所属事业单位，执行财政部《政府会计制度——行政事业单位会计科目和报表》。

二、工会财务工作的任务

工会财务工作的任务主要是收好、管好、用好工会经费。收好经费是基础，就是要依据《工会法》、《中国工会章程》的规定，积极组织收入，不断提高工会经费收缴率，并按时足额地上缴经费；管好经费是手段，就是要按照《工会法》赋予的职权，由全国总工会确定独立管理经费的财务体制，建立健全各项财务制度，并对各级工会财务工作实施指导和监督；用好经费是目的，就是要按照“量入为出、收支平衡，统筹兼顾、保证重点，真实合法、精细高效”的原则，在资金上为工会组织开展各项工作，特别是为工会重点工作提供财力保证。

三、工会财务工作的指导思想

当前和今后一段时期工会财务工作的指导思想是：以习近平新时代中国特色社会主义思想为指导，深入学习贯彻党的二十大精神，牢牢把握进入新发展阶段、贯彻新发展理念、构建新发展格局对工会工作特别是工会财务工作的新要求，紧扣国民经济和社会发展总目标，以制度建设为基础，以收支管理为重点，以效能提升为目标，以深化改革为动力，以能力建设为保障，通过工会财务工作高质量发展，努力为新时代工会工作创新发展提供服务和保障。

四、工会财务工作的特点

工会财务工作具有三个鲜明的特点：独立自主的经费管理体制、法律确定的经费来源和法律明确的经费用途。

（一）独立自主的经费管理体制

1. 工会经费独立。

《工会法》第四十五条规定："工会应当根据经费独立原则，建立预算、决算和经费审查监督制度。"这是法律赋予工会组织独立管理工会经费的职责。各级工会应该按照法律规定和全国总工会有关文件的要求，依法做好工会经费独立核算工作。

2. 工会经费使用管理办法由全国总工会制定。

《工会法》第四十三条规定，"经费使用的具体办法由中华全国总工会制定"。这是法律赋予全国总工会制定工会经费使用办法的职责。近年来，全国总工会根据《工会法》、《中华人民共和国会计法》（以下简称《会计法》）、《中华人民共和国预算法》（以下简称《预算法》）、《中国工会章程》和国家有关规定，建立了一整套工会经费使用管理办法，并不断健全完善。

3. 工会财务管理体制独立。

根据法律规定，各级机关、事业单位、企业和其他社会经济组织可独立或联合成立工会委员会。为保证工会组织的稳定发展和职责履行，必须建立与工会组织体系统一的财务管理体制。目前，中国工会实行"统一领导、分级管理"的工会财务管理体制。

（二）法律确定的经费来源

《工会法》第四十三条明确规定了工会经费的来源：一是

工会会员缴纳的会费；二是建立工会组织的用人单位按每月全部职工工资总额的百分之二向工会拨缴的经费；三是工会所属的企业、事业单位上缴的收入；四是人民政府的补助；五是其他收入。《工会法》第四十六条规定："各级人民政府和用人单位应当为工会办公和开展活动，提供必要的设施和活动场所等物质条件。"第四十九条规定："县级以上各级工会的离休、退休人员的待遇，与国家机关工作人员同等对待。"第四十二条规定："用人单位工会委员会的专职工作人员的工资、奖励、补贴，由所在单位支付。社会保险和其他福利待遇等，享受本单位职工同等待遇。"

（三）法律明确的工会经费用途

《工会法》第四十三条规定，"工会经费主要用于为职工服务和工会活动"。按照目前的财政预算管理体制，多数县级以上工会在职人员的人员经费由工会经费负担，其余工会经费均用于为职工服务和工会活动。

此外，工会财务工作区别于企业、事业、行政财务的最大特点就是广泛的群众性，工会经费的筹集、管理、使用都有相应的职工群众参与。

第二节　工会财务工作的产生和发展

中国工会是在中国共产党领导下建立的工人阶级群众组织。中国工会财务工作伴随着中国工会运动的兴起、工会组织的建立和工会活动的开展而产生和发展起来，党在各个历史时期都非常重视工会工作和工会财务工作。

1921 年 7 月中国共产党成立，党领导的多次罢工斗争，工会组织都从财力上给予了全力支持，为罢工取得胜利提供了有力保障；1925 年 5 月中华全国总工会成立，通过了第一个中国工会章程——《中华全国总工会总章》，明确设立工会经济部，会员缴纳的会费以及外界的捐助作为工会的经费来源；1950 年颁布的《工会法》，第一次通过法律制度明确了工会独立管理经费的原则。进入中国特色社会主义新时代，中国工会已经形成了一整套工会财务管理体系，涉及工会经费收入、管理、使用、监督等各个方面。工会财务工作在中国工会工作的发展历史上发挥了重要的物质保障作用。

一、新民主主义革命时期的工会财务工作

1921 年 7 月中国共产党成立后，即以主要力量领导工人运动，从 1922 年 1 月至 1923 年 2 月，中国共产党领导的罢工斗争达 100 多次，参加罢工的工人达 30 万人以上。每次罢工都要靠工会财力保证，利用工会会员平时缴纳的会费和同情罢工的社会力量给予工会的经济援助向罢工工人发放生活费，维持工会开展活动的必要开支，工会财务工作为中国工人运动初期罢工斗争的胜利作出了重要贡献。

1924 年 11 月，孙中山先生在中国共产党的影响下，以国民政府总理和大元帅名义颁布了《工会组织条例》。其中规定：“工会会员无等级差别，但对会费之收入，得照会员之收入确定征收之标准。会员对工会负担之经常费，其金额不得超过该会员收入 5%；但特别基金及为会员利益之临时募集金或股份不在此限。”还规定：“工会会员必要时得选派代表审查工会簿记，并调查财产状况。”“工会所管理的财产不得没收。”由此可见，在中国工会成立之初，工会财务工作已经形成了会员会费收取标准、广泛吸收社会资金支持、经费审查、实行独立管理等一系列管理思想和基本原则，并已受到政府的法律保护，这些思想原则对后期的工会财务工作也产生了深远的影响。

在 1925 年召开的第二次全国劳动大会上，中华全国总工会

正式成立，并通过了《中华全国总工会总章》。其中明确规定，在全国总工会干部局下，应设立经济部负责掌握司库、司账、总务等经济事项。章程还规定工会经费的来源有会员缴纳的会费、特别捐款和外界赞助者募捐等。

1926年，为加强工会财务工作建设，刘少奇同志撰写了《工会经济问题》。他在绪言中强调指出：经费问题，是工会中时常发生的大问题，可以使工会分裂，可以使工会塌台，可以使工人不信仰他们的领袖及工友。所有的工友，尤其是工会的办事人，应该懂得这个问题的重要，求得解决这个问题的方法，预防这个问题的发生。他还指出，工会经费管理“这种技术工作是革命中很重要的工作，与工人阶级幸福有极大的关系”。他还就工会经费在筹集、管理和使用等方面应建立的财务会计制度和民主管理制度提出意见，这些意见既有重要原则，又有具体规定，为工会财务工作的思想建设、组织建设和业务制度建设奠定了坚实的基础。

大革命失败后，中国共产党将主要力量转移到农村和经济不发达的中小城镇的革命根据地，由于受到敌人的分割包围、军事进攻和经济封锁，在艰苦的战争环境中，生产不正常，职工工资水平低，工会在极端困难的物质条件下进行工作，会费收入远远不能满足工会工作需要。

1930年，苏区颁布《工会组织法》，其中明确规定：“工会经费不足时，向苏维埃政府申请津贴。”1933年12月，在刘少奇同志和陈云同志主持下，中华苏维埃中央执行局公布了重新修订的《中华苏维埃共和国劳动法》，其中规定：“各机关、各企业、各商店除付给工人职员工资外，须付工资总额的2%为工会的办事经费，又1%为工会的文化教育费。”同时，在财务组织建设上，规定在县工会执委会下应设财务科，区、乡、镇工会执委会下应设财务委员，从组织上保证了工会财务工作的顺利进行。这是以工人阶级政党领导下的政府制定的，在经济上保障工会活动和工人阶级利益的法律。

1933年，中华全国总工会改名为全国总工会苏区中央执行局，并领导革命根据地工会工作。在抗日战争和解放战争期间，工会承担起了动员职工积极参加抗战，帮助政府建设和发展工业的任务。

抗日民主根据地工会除向会员收取会费外，企业行政还向工会拨缴经费。《陕甘宁边区劳动保护条例》中规定“雇主应担负工会办公费及工人教育费。其数目规定为工资的3%”。工厂企业工会所收的会费和部分文教费都要上缴。其自身主要使用行政拨缴的办公费和部分文教费；县以上工会同党政机关一样实行供给制，其日常活动经费主要靠政府预算拨款。这是工会经费收缴、上缴、使用及政府承担工会开支项目的基本雏形。

1948年8月，中华人民共和国成立前夕，第六次全国劳动大会在哈尔滨召开，会议恢复了中华全国总工会，通过了《关于职工运动当前任务的决议》和《几个问题的说明》，其中明确提出工厂每月按工资总额拨出1.5%交给工会办理职工文化教育事业。这种由行政向工会拨缴经费的工会经费来源和缴费方式，在中华人民共和国成立后被《工会法》所采用。

二、社会主义革命和建设时期的工会财务工作

1949年10月中华人民共和国成立后，中国工会随着国内外政治经济形势的发展变化，在社会主义革命和建设事业的发展过程中发挥了重大作用，工会财务工作在保证工会工作任务顺利实现过程中不断建立健全了经费独立管理体系和相关的理论与方法。

1950年6月29日，中央人民政府颁布了《工会法》，第一

次从法律上明确肯定了工会经费独立管理的原则。这一原则的主要内容是：工会应建立自己的预算、决算、会计审核制度；工会活动经费的主要来源除会费和各项事业收入外，还有企业、事业、行政或资方依法按月向工会拨缴的经费；各级工会经费收支办法由全国总工会制定；各级政府和企事业单位应拨给或供给同级工会开展活动、办公、住宿和举办事业的必要房屋与设备。概括而言，就是工会对依法取得的各项活动经费和财产，实行自主管理、自定制度、自收自支，并受法律保护。

由于中国工会是各级地方和产业工会组成的多级工会机构统一的全国性组织，为了合理地分配经费和正确划分职责权限，必须建立财务管理体制。1951 年，根据当时工会实行的产业组织原则，工会财务工作实行按产业工会系统垂直管理经费的体制。县以上地方工会和全国总工会的行政经费、干部训练费由财政预算拨款，实行“统收统支”。1953 年，中国工会七大明确提出工会财务工作必须“为整个工会建设服务，为生产服务，为群众服务”的方针，奠定了工会财务工作的思想建设基础。自 1955 年起，全国总工会财力情况增强，决定县以上工会不再依靠国家财政预算拨款，实现了工会经常活动经费完全自给。1957 年，工会实行地方与产业相结合的组织原则，工会财务改为以地方工会为主的财务管理体制，目前仍执行此管理体制。

“文化大革命”期间，由于工会组织瘫痪，一切活动停止，工会干部下放，工会财务工作停顿，多年积累的工会经费被全部冻结，工会所属的房屋设备财产多被侵占。至 1973 年中央决定恢复工会财务工作时，工会最低限度的经费需要也难以保证，需由国家承担基本费用开支。

三、改革开放和社会主义现代化建设新时期工会财务工作得到长足发展

1978年底，中国工会九大和党的十一届三中全会相继召开，中国工会迎来改革开放新时期。各级工会根据民主程序重新组建，工会财务工作也相应得到恢复和发展。

1978年12月，全国总工会、财政部印发《关于恢复企业、事业、机关的行政方面拨缴工会经费的联合通知》，工会财务工作逐步走上正常发展道路。特别是20世纪90年代以来，在建立和发展社会主义市场经济，加快推进社会主义现代化的新的历史时期，各级工会财务部门以《工会法》为法律依据，坚持工会财务工作为职工群众服务、为工会机关和事业单位服务、为工会各项中心工作和重点任务的开展提供物质保障的原则，贯彻“组织起来、切实维权”的工会工作方针，按照依法聚财、科学理财、合理用财的工会财务管理思想，努力增强工会的经济实力，扎实做好工会财务与资产管理基础工作，合理分配和优化资金使用结构，妥善处理各种经济关系，不断推动工会财务工作改革创新，使工会财务工作能更好地适应社会主义市场经济的发展，为工会工作提供坚实的物质基础。各级工会定期研究工会财务工作，研究解决经费收缴、财务管理、资金使用中的重点和难点问题；进一步推动落实工会办公和开展活动等必要物质条件由同级政府或行政提供等规定；积极争取将送温暖、劳动模范管理等经费纳入同级财政预算或由单位行政列支；努力解决乡镇（街道）工会开展工作的经费问题，确保基层工会各项经费的足额到位；不断拓宽增收渠道，争取社会各界支持，提高工会多方筹集社会资金的能力。

（一）中国工会经济实力进一步增强

拨缴经费收入是工会经费的主要来源。自1978年底恢复企

事业单位及机关行政方面向工会拨缴经费以来，全国各级工会抓住社会主义市场经济建立和发展的有利机遇，把做好工会经费收缴工作作为工会财务工作的重中之重，全国总工会本级拨缴经费收入已实现了连续40多年的稳步增长。

在收缴工会经费的工作中，各级工会通过改革，采取了许多好的办法和举措，并获得了许多行之有效的经验。一是以贯彻实施经修改的《工会法》为契机，立足于依法收好工会经费。各地工会结合本地区的实际，通过地方人大立法的方式出台地方性法规，发布《工会法》实施办法或实施细则，为落实工会经费的收缴提供法律武器；对拖延或拒拨工会经费的单位向法院申请支付令，进行强制划拨。二是积极疏通政策渠道，依靠社会力量，为收好工会经费提供良好的外部条件。通过与财政、银行、税务、统计、审计、工商联合发文，收好工会经费；对党政机关、科教文卫等地方财政预算内单位，采取财政直接划拨的办法；委托税务部门代收企业工会经费；对收缴经费作出贡献的工会系统以外的单位和个人，授予荣誉称号。三是采取制约措施促进收好工会经费。将按时、足额拨缴经费作为单位评先的必备条件；将基层工会足额上缴工会经费作为其取得工会社团法人资格的必备条件。否则，实行“一票否决”或取消申请社团法人登记资格。四是建立健全激励机制，调动县以上各级工会收缴经费的积极性。如全国总工会对省级工会实行《省级工会财务会计工作竞赛评比办法》；在县以上工会机关，推行收缴工会经费的目标责任制。五是加强工会经费收缴的监督检查工作。县以上各级工会经审会每年都组织力量开展查漏、补欠和收缴截留经费大检查。

在做好工会经费收缴工作的同时，各级工会开阔视野，挖掘潜力，在拓宽《工会法》规定的工会经费来源上做文章，通过多种渠道，为壮大工会实力筹集资金。全国总工会本级依法向同级政府有关部门申请应由政府承担的各项开支资金，积极争取国家给予工会的各项优惠政策，取得了国家财政及政府有关部门拨款，以及国家财税部门返还工会各项税收返还款等支持。各级工会在通过工会资产运营创造收入，以及向社会筹集资金等方面，也取得了一定成效。

（二）工会财务工作改革与创新

社会主义市场经济体制建立以后，国家加快了财政、财会方面的改革步伐，陆续出台了一系列的政策、制度和办法，各级工会结合工会财务管理的实际情况对工会财务工作进行了大胆的改革和创新。

1. 工会经费使用方面。

各级工会认真执行国家财经政策和工会的各项财务制度，坚持工会经费正确使用方向，把大部分经费用在支持下级工会开展工会工作和为职工服务上。全国总工会本级经费直接用于下级工会补助的占本级经费总支出70%以上，体现了为下级工会服务的宗旨。各级工会通过对支出结构的分析，经过预算管理的改革，加大对下级工会的扶持力度，加大直接服务职工群众的支出比例。全国总工会的工会经费支出向西部地区工会、东北老工业基地工会倾斜，其各项经费补助优于其他地区。2004年，全国总工会实施了“一改三策”，即：工会经费收缴体制改革，委托税务代收、财政划拨、收取建会筹备金，全国工会经费收入实现快速大幅增长。同年，全国总工会实行工会经费超收回拨的办法，即“基数不变、超收增缴、统一使用、服务基层、多缴奖励、少缴抵拨”为主要内容的工会经费上缴办法的改革，实现了工会经费管理体制从上到下的整体调整，实现了大部分经费向西部地区、老少边穷地区、老工业基地工会的倾斜。

2. 工会会计制度方面。

自1999年1月1日起，工会系统开始执行一系列财务会计制度，包括《工会预算管理办法》、《工会会计制度》、《基层工会经费使用管理办法》、《工会事业单位财务制度》、《工会事业单位会计制度》，并印发了有关问题的解释和说明进行细化完善，取得了较好的效果，形成了具有工会特色、科学规范的管理型工会会计模式和运行机制。

3. 工会事业单位财务管理方面。

各级工会财务部门加强管理，逐步实现了工会事业单位预算管理与国家预算管理制度的统一，完成了事业单位会计制度与国家事业单位会计制度的接轨，促进了工会事业单位的市场化进程和财务工作的规范化管理。全国总工会开展了事业单位预算资金追踪问效工作，设计预算资金绩效评价考核工作程序和评价体系，逐步建立起规范的预算资金使用情况的考核办法，对预算资金使用情况进行全面分析评价，不断提高工会事业资金的使用效能。各级工会事业单位通过推进本单位预算管理改革，加强财会制度建设，约束和规范了本单位的财务行为，并通过科学合理地安排资金，改善经营管理，提高了社会效益和经济效益。

4. 工会预算制度改革方面。

各级工会按照全国总工会修订的《工会预算管理办法》，细化预算管理，逐步完善了预算管理体系，规范预算编制、执行和考核，完善了预算申报、审批和追加预算手续。在预算编制方面，坚持“统筹兼顾、保证重点；量入为出、收支平衡；真实合法、精细高效”的预算编制原则，科学合理地编制经费收支预算，提高预算编制准确性；在预算安排方面，积极采取有效措施，克服供需矛盾，合理安排预算，在财力允许情况下，将有限的工会经费主要用于维护职工权益和帮扶解困等重点工作，确保重点工作所需资金，逐步做到了收支平衡，略有结余；在预算执行方面，严格控制追加预算，确需追加必须按照规定程序报批，维护预算刚性约束。

（三）工会财务工作宏观政策环境进一步改善

2001 年全国人大修改通过的《工会法》，明确工会经费和财产受法律保护，同时明确拒拨、漏拨工会经费是违法行为。为确保工会经费依法收缴与规范管理，财政部印制了《工会经费收入专用收据》。国家税务总局下发了《关于工会经费税前扣除的通知》，规定行政拨缴经费后，工会要开具收据，税务部门以此作为税前扣除的依据。这样做，一方面，按照《票据法》的有关规定实现了收费的规范管理；另一方面，可以防止基层工会所属的行政方面截留基层工会经费，免税的优惠政策也调动了行政方面拨缴经费的积极性。2003 年，财政部与全国总工会印发了《关于财政拨款的行政事业单位计拨工会经费有关问题的通知》，为党政机关和事业单位依法足额拨缴工会经费提供了政策支持。2005 年，全国总工会与国家税务总局联合下发的《关于进一步加强工会经费税前扣除管理的通知》，进一步明确了建立工会组织的企业、事业单位以及其他组织，每月按全部职工工资总额的 2%向工会拨缴的工会经费在税前扣除，并要求各级税务部门和工会组织密切配合，共同做好工会经费收缴工作。

（四）工会财务管理水平进一步提高

1. 建立健全财务制度。

改革开放以来，全国总工会共制定和修订了几十项财务制度。其内容主要有：为了及时清理历史遗留的呆坏账，夯实工会的净资产，制定了《工会经费呆账处理办法》；为了做好清产核资工作，摸清家底，充分发挥工会资产的效能，制定了《工会资产年度统计办法》、《工会固定资产管理办法》；为了防止破产企业工会财产流失，转发了《最高人民法院关于破产企业工会财产不属于破产财产的通知》；为了收好工会经费，加强票据管理，制定了《工会经费收入专用收据使用管理暂行办法》；为了做好全国总工会对下补助工作，规范申报程序，全国总工会制定了《关于申请银行贷款贴息、救灾慰问补助、工会事业借款的有关规定》；为了加强有关基金和专用经费的管理，全国总工会制定了《增收留成基金管理办法》、《财务专用基金管理办法》、《经审专用经费管理办法》；为了规范超收经费的管理，先后印发了《关于超收经费管理试行办法》、《关于省级工会上缴经费考核奖励试行办法》、《关于贯彻落实调整工会经费上缴办法的通知》、《关于超收经费有关会计业务账务处理的通知》；为了强化工会经费独立核算，全国总工会办公厅印发了《关于依法做好工会经费独立核算工作的通知》，要求各级工会组织应当根据经费独立原则，单独开立账户，独立进行核算；为防止工会土地和资产流失，印发了《关于加强县以上工会占有使用土地资产管理的通知》，强化了对县以上工会土地使用权变更的审批程序。这些财务制度的出台，进一步规范了管理，提高了工作效率，缓解了财务管理中的矛盾，使工会财务工作步入了依法管理的轨道。

2. 促进工会财务科学化管理。

各级工会财务部门坚持服务大局、保证重点，调整和优化支出结构，确保工会各项重点工作的资金需求。一是将工会经费支出向基层倾斜，大多数省级工会用于对下补助经费达到60%以上。二是把更多的资金用于工会重点工作，如“两个普遍”、协调劳动关系、开展劳动竞赛、职工教育培训、法律援助、困难职工帮扶送温暖、维护职工权益等。

各级工会通过严格预算、强化审核、监督执行、有效控制等手段，使财务管理水平全面提高。贯彻落实《工会预算管理办法》，实行工会全面预算管理，加强预算执行控制，提高各项资金使用效益。加强财政资金管理，保证财政专项资金使用绩效。开展所属单位财务检查，强化工会所属单位负责人财经法纪意识，加强工会企事业单位财务管理，堵住财务管理漏洞。

在全国总工会大力推动和广大工会财务人员积极参与下，各级工会财务部门普遍配备了财会专用电脑设备，全系统内70%以上单位采用了全国总工会开发的工会预算会计单位和事业单位财务软件进行会计核算工作，工会票据管理、工会资产普查分析工作均采用信息化管理，工会固定资产管理工作将逐步向网络化管理方向发展，全系统实现财会信息化管理，使工会财务管理和会计核算工作在质量和效率方面登上一个新的台阶。

3. 提高工会财会干部队伍整体素质。

全国各级工会结合本地区实际情况，加强对财务工作的领导，对各级工会财务机构的设立和会计人员从业资格条件进行规范，财务部门通过举办培训班、召开专题研讨会、组织继续教育、编写工会财会工作教材等方式，对专兼职财会人员开展了多层次、多形式、多渠道的轮训和专题培训工作，并通过工会会计学会和工会财会专业刊物、专业业务书籍进行理论研讨及工作交流，进一步补充和更新了人员专业知识，提高了财务管理水平，全国工会系统广大财务人员树立了恪尽职守、廉洁奉公、讲求实效的良好形象。

四、进入中国特色社会主义新时代工会财务工作改革创新发展

党的十八大以来，中国特色社会主义进入新时代。在全国总工会党组、书记处的正确领导下，工会财务工作紧紧围绕工会工作大局，坚持工会经费正确使用方向，深化财务工作改革创新，建立健全制度体系，规范强化工会经费收缴管理，深入

推进全面预算改革，不断加大财务监督力度，全面加强财务干部队伍建设，各项工会财务工作持续有力推进，为工会工作全局提供了优良服务和财力保障。

（一）加强制度建设，工会财务管理体制机制不断健全

党的十八大以来，全国总工会财务部加强顶层设计，不断健全完善财务管理制度体系，独立或配合相关业务部门新修订、制定制度办法36项。一是理顺经费分成体制。印发《关于加大对乡镇（街道）、开发区（工业园区）工会和基层工会经费支持力度的若干规定》等文件，明确乡镇（街道）、开发区（工业园区）工会和基层工会的经费留成比例，36个省级工会均按照全国总工会的要求，将基层工会的经费分成比例调整为60%以上。二是创新经费分配方式。将全国总工会对下级工会的回拨补助、超收补助和专项补助合并为项目补助，实行项目化管理，印发《关于对下补助实行项目补助管理的通知》，明确相关要求。三是理顺财务资产管理体制。整合工会资产监管职能，实行工会行政资产与企事业资产归口管理；明确工会基本建设与政府采购管理部门和职责，落实管理责任；实行工会企事业管办分离、分类管理，强化工会企事业资产监督管理。四是加强预决算管理。新修订《工会预算管理办法》，制定《基层工会预算管理办法》、《工会决算报告制度》等文件，建立起涵盖工会财务从预算到决算的全流程管理体系。五是规范收支管理。制定《基层工会经费收支管理办法》、《在京中央企业工会经费收支管理实施细则》、《县级以上工会支出管理暂行办法》等文件，让各级工会支出有法可依、规范财务行为。六是规范专项资金使用管理。配合有关部门出台了《工会送温暖资金使用管理办法（试行）》、《全国劳模专项补助资金发放管理办法》等文件，制定《全总救灾专项资金使用管理办法》。七是加强财务监督。印发《工会财务监督暂行办法》、《关于进一步加强工

会资金存放管理的指导意见》等文件，大力加强财务监督。八是加强全国总工会本级财务管理。印发《全总机关厉行节约反对浪费实施办法》、《关于贯彻落实中央八项规定精神的实施办法》、《全总本级资金存放管理办法》等文件，进一步落实党中央有关要求。九是围绕党和国家工作大局及工会工作全局积极作为。制定了《关于实施小微企业工会经费支持政策的通知》、《关于加强新型冠状病毒感染肺炎防控工作专项资金使用管理的通知》、《加大工会经费投入助力疫情防控与经济社会发展的若干措施》等文件，为工会经费更好地服务职工、服务大局提供了制度保障。

（二）加强经费收缴，工会财务保障能力不断巩固

党的十八大以来，全国总工会财务部巩固工会经费收缴体制改革成果，不断提高服务保障能力，特别是自2018年以来，要求省级工会按照5%的分成比例将应上缴全国总工会的工会经费全额上缴，全国总工会本级工会经费收入大幅增加。一是不断巩固税务代收工会经费工作机制。全国总工会财务部积极与国家税务总局社保非税司保持沟通协调，通过开展联合调研、召开座谈会等形式，争取从源头上形成税务代收固定工作机制。各级工会通过政府联席会议、共同制定文件、组织联合检查等方式，继续巩固委托税务代收工作机制。二是不断巩固财政划拨工会经费工作机制。全国总工会财务部加强财政划拨工会经费的基础工作，汇编有关文件，指导各省级工会规范工作流程，加强与财政部门的沟通协作，进一步提高财政划拨工会经费覆盖面。各级工会积极争取、加强协调，越来越多的地区工会在职人员经费与社会保障资金纳入财政预算。三是不断巩固自主收缴、统筹收入等工作机制。铁路、民航、金融等产业工会和部分地区工会加强自主收缴工会经费规范管理，严格落实按比例全额收缴工会经费改革措施，加大清查和催交工作力度，经

费收缴工作稳步推进。各省级工会加大资金统筹力度，全面加强收入预算管理，提高货币资金收益，加大对工会经营性资产的经济考核力度，盘活结转结余资金存量。四是理顺全国总工会与各在京中央企业工会的财务管理体制。在各相关驻会全国产业工会、部门协助下，全国总工会与央企的工作覆盖、组织建设与财务管理一体推进，到2021年底，31家在京央企工会与全国总工会财务部建立财务关系。五是规范建会筹备金收缴管理。针对以前年度建会筹备金收缴管理中存在的突出问题，在多次调研、摸清底数、反复征求意见的基础上，全国总工会财务部提出意见建议报经全国总工会党组会议批准，制定出台《关于规范建会筹备金收缴管理的通知》，对以前收取的建会筹备金提出了分类处理原则，进一步规范了建会筹备金的收缴管理，解决了筹备金长期挂账的突出问题。

（三）加强预算管理，工会资金使用绩效不断提高

近年来，全国总工会财务部在全国工会系统大力推进全面预算管理和预算绩效管理，经过上下齐心协力，到目前全面预算和预算绩效全流程管理体系基本建立。一是强化全面预算与预算绩效管理意识。全国总工会本级所属各类事业单位全部收支均纳入了预算管理，所有财政资金项目和30万元以上的工会资金项目均编制了绩效目标。出台《关于全面实施预算绩效管理的实施意见》，要求各级工会所有单位全部收支都要纳入预算管理，指导各级工会逐步建立全方位、全过程、全覆盖的预算绩效管理体系。二是改革省级工会预算审批办法。将本应由省级工会党组（或全委会、常委会）审批的省本级预算审批权下放，全国总工会不再审批，实行备案管理。三是优化工会经费支出结构。始终坚持把贯彻落实党中央重大决策部署和全国总工会党组、书记处重点工作作为工会预算安排的首要任务。围绕着产业工人队伍建设改革、新就业形态劳动者建会入会服务、

劳动领域政治安全等工会重点工作，优先资金保障。加大工会经费向基层倾斜力度，2018 年实行工会经费收缴过渡性改革办法以来，各省级工会上缴全国总工会超过 2017 年基数部分均全额返还，2018—2021 年全国总工会本级对下补助支出预算分别占全国总工会本级支出预算总额的 82.01%、83.28%、86.10%和 86.11%。四是深入推进预算执行和决算管理。全国总工会制定了《关于预算批准前使用项目资金有关事项的通知》，有效保证了各单位工作的正常开展；强化预算执行用款计划管理，动态监管全国总工会本级及所属单位预算执行情况，加强预算执行情况分析和督促指导，各省级工会依托各自的信息系统，不断加强预算执行监督和对下指导，有效规范了财务管理，保证了预算的严肃性。加强全国工会总决算汇总报告，开发建设工会预决算汇总平台，2021 年共汇总全国 89 万余个工会组织总决算，为了解各级工会组织和所属单位的经济活动提供了数据支撑，为制定各项政策提供了决策参考。

（四）加强财务监督，工会财务管理不断规范

近年来，全国总工会财务部加强顶层设计和对下指导，各级工会主动适应巡视巡察全覆盖和审计审查全覆盖的新要求，直面工会财务工作中存在的突出矛盾和问题，强化监督检查，努力构建财务监督与巡视审计相统一的工作机制。一是建立健全财务监督机制。全国总工会党组、书记处高度重视财务监督工作，全国总工会财务部按照“统一领导、分级管理”的原则，督促指导各级工会落实财务监督责任，督促省级工会落实全国总工会制度文件，制定相关制度实施细则并备案；加强对下级工会财务制度建设、风险防控和全国总工会转移支付资金的规范使用管理等方面的指导，强化对直属单位预算约束和绩效管理的要求；加强与中央纪委国家监委驻全国总工会机关纪检监察组、全国总工会机关纪委汇报沟通财务监督情况，逐步建立

起财务监督与巡视审计相统一的长效机制。各级工会逐步加强财务监督，定期财务检查与日常财务监督相结合，取得明显成效。二是加强内部控制建设。全国总工会逐步完善本级内控建设工作机制，研究制定《全总机关内部控制领导小组工作规则》和《全总机关内部控制领导小组办公室工作规则》，制定出台《全总机关合同管理办法》，不断规范机关经济活动行为。对直属单位开展内部控制建设情况专项检查，编写《关于全总本级内部控制建设情况的报告》向领导小组汇报，并督促直属单位加强整改。三是加强账户资金规范管理。全国总工会认真梳理本级基建零余额账户，加强往来款项管理，优化银行存款管理，加强对直属单位账户备案管理，督促指导省级工会完善账户和资金存放管理办法，降低管理风险。各省级工会按照全国总工会要求，清理规范账户，加强资金管理。

（五）加强自身建设，工会财务服务能力不断提升

近年来，全国总工会财务部以党建为引领，全面加强工会财务干部队伍建设，工会系统财务干部素质和工作能力取得明显提升。一是坚持不懈抓党建。全国总工会财务部党支部在全总党组和机关党委的领导下，认真落实全面从严治党政治责任，以党的政治建设为统领，深入学习贯彻习近平新时代中国特色社会主义思想特别是习近平总书记关于工人阶级和工会工作的重要论述，增强“四个意识”、坚定“四个自信”、做到“两个维护”，在思想上政治上行动上同以习近平同志为核心的党中央保持高度一致。坚持党的创新理论武装，深入开展“三严三实”专题教育、“两学一做”、“不忘初心、牢记使命”主题教育、党史学习教育等主题活动。加强党风廉政建设和作风建设，严明党的纪律和规矩，教育引导党员干部提高财务岗位风险意识，坚守纪律底线；扎实推动作风转变，集中整治形式主义、官僚主义，认真践行“严谨、勤奋、务实、廉洁、高效”的部

门文化。全国总工会财务部党支部近年来获得全国总工会机关党支部标准化规范化建设示范单位、全国总工会机关先进基层党组织、中央和国家机关“青年文明号”、“三八红旗集体”等荣誉称号。二是加强工会财务干部队伍建设。近年来，全国总工会财务部联合中国工会会计学会每年开展多形式、多层次的人员培训，提高财务管理干部队伍素质。各省级工会采取请进来、走出去的方式，加大对财务人员培训力度，开展工会财务知识竞赛，财务管理干部队伍整体素质不断提升。一些地区工会成立会计核算中心，实行集中核算；一些地区工会探索建立财务集中管理模式，有效解决了基层工会财务力量薄弱的突出问题。三是大力推进工会财务信息化建设。全国总工会财务部不断优化完善预算管理信息系统、决算汇总平台，实现了预决算网络填报、实时上报和汇总，新建在京中央企业工会经费收缴管理信息系统，加快推进全国总工会本级财务核算信息系统集成工作。各省级工会信息化建设步伐加快，有些省区已经形成全省（市、区）“一张网”的工作格局。四是主动作为，不断提高服务能力。积极响应中共中央、国务院关于减税降费的号召，出台小微企业工会经费全额返还政策，支持小微企业工会工作，助力复工复产，各级工会认真落实全国总工会政策，2020—2022 年累计返还小微企业工会经费超过 240 亿元，惠及小微企业年均超过 80 万家。面对突如其来的新冠肺炎疫情，全国总工会积极作为，第一时间制定《关于加强新型冠状病毒感染肺炎防控工作专项资金使用管理的通知》，为各级工会使用工会经费开展疫情防控工作提供了制度遵循，为打赢疫情防控战作出了工会组织的积极贡献。为做好突发事故的应急救援和慰问职工等工作，全国总工会制定《全总救灾专项资金使用管理办法》，从 2019 年开始，每年分别安排预算 1500 万、5500 万、5500 万、6450 万元，及时展现了工会组织的温暖。近年来，配合党中央、国务院以及有关国家部委出台的政策文件，全国总工会印发了《关于进一步规范相关工会经费使用管理的通知》，明确工会经费可用于为职工购买健身服务、支持旅游业等困难行业发展、用于购买扶贫产品等巩固脱贫攻坚成果，加强政策贯彻落实中相关工会经费的使用管理，展现了工会组织在围绕中心、服务大局中的作用。

思考题：

1. 简述工会财务管理的内容和任务。
2. 中国工会财务工作有哪些特点？
3. 近年来，工会财务工作改革创新主要体现在哪些方面？

第二章　工会财务管理体制

第一节　工会财务管理体制概论

了解工会财务管理体制的相关规定，是做好工会财务工作的前提和基础。无论是直接开展工会财务工作的人员还是管理工会财务工作的人员，都应当熟悉掌握工会财务管理体制的相关内容。一般来说，需要了解工会财务管理的体制的概念及特点和层级及权限划分等。

一、工会财务管理体制的确定原则

（一）工会财务管理体制的概念

工会财务管理体制是各级工会组织在财务管理上进行职责权限划分和财力分配的制度，是确立上级工会和下级工会之间、地方工会和产业工会之间、县以上工会和基层工会之间经济关系的制度。换言之，工会财务管理体制是工会在组织领导财务工作、处理各种经济关系时，划分财务管理层级、明确各层级的经费分成比例和职责权限、确定财务管理形式的基本制度。

（二）确立工会财务管理体制的意义

1. 可以明确划分工会财务管理层级。

通过划分工会财务管理层级，使工会组织体制与财务管理体制相适应，既为各级工会组织履职尽责提供了经费保障，又保证了各级工会组织的健康稳定发展。

2. 可以合理划分各级工会的财务管理权限。

通过划分工会财务管理权限，明确管理职责、权利与义务，使工会组织事权与财权相统一，既可以使各级工会享有资金分配权和资金使用权，又可以调动各级工会的积极性和主动性，以更好地完成党和政府交给工会组织的各项任务。

3. 可以科学地确定各级工会经费分成比例。

确定工会经费分成比例是确立工会系统内部财政分配关系的重要手段。不仅涉及广大会员的切身利益，也关系到工会上下级组织之间、地方工会与产业工会之间、县以上工会和基层工会之间的经济利益关系。这些关系处理得如何，不仅直接影响工会各方面工作关系，也影响工会内部结构的稳定和协调。因此，工会经费分成比例的确定，是工会财务管理体制的核心问题。只有经费分成比例划分得合理，才能为理顺工会内部经济关系奠定基础，从而为完成工会财务管理任务创造有利条件。

（三）工会财务管理体制确定的原则

工会财务管理体制是涉及工会事权和财权统一的核心问题，事关工会组织稳定与职责履行。全国总工会根据全国工会组织层次多、覆盖面大的特点，提出工会财务实行“统一领导、分级管理”的体制。

1. 统一领导原则。

统一领导就是全国总工会对全国各级工会的财务工作实行统一领导。全国总工会通过制定统一的工会财务工作方针政策和财务制度纪律，实行财务监督，来实现其领导职责。各级工会组织及其所属单位要严格执行，自觉接受全国总工会的统一领导，保证工会组织的完整性和统一性；统一领导要求各级工会委员会（常委会）应当对财务工作实行集体领导，凡财务工作中的重大问题和重大开支项目要经集体研究决定。

2. 分级管理原则。

分级管理就是在全国总工会统一制定的财会工作政策、制度、纪律制约下，对地方总工会和按产业系统管理经费的产业工会，确定财务管理层级、经费分成比例以及各层级工会财务管理的职责权限。各级工会应按照规定，履行自己的职能，独立负责地开展财务管理工作。

分级管理的内容主要包括：按照工会层级，由各级工会管理本级各项经费；由各级编制本级预决算；按级向本级会员大会或会员代表大会和上一级工会报告经费收支情况和资产管理情况。

需要强调的是，分级管理不等于分散管理。各级工会的财务工作应由财务部门归口管理，以充分发挥财务部门的专业优势。归口管理就是财务部门统一组织、管理、协调工会财务工作。凡涉及工会与政府、行政的财务关系问题的，均应归口到财务部门与之对口处理；凡涉及工会财务体制及财务政策、规章制度方面的文件，均应由财务部门起草或审查，经主管领导和本级工会委员会（常委会）批准下达执行，其解释权限归口财务部门。未经财务部门同意，其他部门不得对财务问题作出规定和解释。各级工会的所有资金，均应由财务部门统一核算、统一管理。

3. 统一领导与分级管理的关系。

统一领导与分级管理是辩证统一关系。在工会财务管理体制中的具体表现为：统一领导是分级管理的前提，只有坚持统一领导，才能保证各级工会的均衡发展，才能保持工会组织的完整性和统一性；分级管理是统一领导的基础，只有坚持分级管理，才能充分发挥各级工会组织的积极性和主动性，保证全国总工会的集中统一领导。坚持分级管理，实际上就是工会财务工作的实事求是。

二、工会财务管理体制的特点

（一）“统一领导、分级管理”的工会财务管理体制是民主集中制在工会财务管理工作中的体现和运用

《中国工会章程》第九条规定，“中国工会实行民主集中制”。工会财务管理体制体现了民主集中制原则。“统一领导”是在“分级管理”基础上的“统一领导”，即全国总工会制定工会财务工作的方针、政策、规章制度，必须从“分级管理”的实际情况出发，适应各级工会的需要。“分级管理”是在统一的政策、规章制度制约下的“分级管理”，即各级工会在职权范围内有自主权，但必须执行全国总工会统一的政策和规定。二者互为条件，互相制约，相辅相成。

（二）工会财务管理体制与工会组织体制相统一是确立工会财务管理体制的重要原则

工会经费是工会组织一切工作的物质保证，工会财务工作是工会工作的重要组成部分，工会经费收缴、使用、管理是工会财务工作的重中之重。因此，划分工会财务管理层级，确定经费分成比例和财务管理权限，必须以工会组织体制为依据，考虑每级工会任务的多少和工作量的大小，事权在哪一级，财权也应放在哪一级，只有这样才能更好地发挥工会财务的物质保障作用，促进工会组织和工运事业的发展。

（三）“统一领导、分级管理”是全局和局部的对立统一关系在工会财务管理上的实际体现

中国工会是为了工人阶级的整体利益而组织起来的。工会财务工作的政策、规章制度，代表了工会的全局和整体利益，各级工会必须认真贯彻执行。由于我国幅员辽阔，工会组织体系复杂庞大，各地区、各产业、各行业工会千差万别，要求在

全国总工会的统一领导下，充分发挥各级工会组织的积极性和主动性。也就是说，“统一领导”是从全局的高度出发，在政策上、制度上总领局部；“分级管理”是从局部的角度，服从于全局，并创造性地贯彻落实全局的决定。

三、工会财务管理层级

工会财务管理层级是根据工会组织体制划分的工会财务管理级次。工会财务管理级次的划分是保证每一级工会组织正常开展财务工作的基础和保障。通过划分管理级次可以确定每一级工会组织的经费分成比例、财务管理权限等。

（一）工会财务管理层级的划分

《中国工会章程》第十一条规定，“中国工会实行产业和地方相结合的组织领导原则”。根据这一组织领导原则，全国工会财务管理层级分为五个层级。

1. 全国总工会为一级经费管理单位。

2. 省、自治区、直辖市总工会和按产业系统独立管理经费的全国性产业工会为二级经费管理单位，全国共35个。其中，31个为省级地方工会；3个为按产业系统实行垂直管理的全国性产业工会，即中华全国铁路总工会、中国民航工会和中国金融工会；1个为中央机关工会联合会，即中央和国家机关工会联合会。

3. 地市（州、盟）级总工会或垂直管理经费的省级产业工会为三级经费管理单位。

4. 县（旗、市）级工会或垂直管理经费的地市级产业工会为四级经费管理单位。

5. 基层工会为五级经费管理单位。基层工会是指企业、事业单位、机关和其他社会组织单独或联合建立的基层工会委员会。《中国工会章程》第二十五条规定，“企业、事业单位、机关、社会组织等基层单位，应当依法建立工会组织。社区和行政村可以建立工会组织。从实际出发，建立区域性、行业性工会联合会，推进新经济组织、新社会组织工会组织建设”。

（二）工会财务管理层级确定的几个特殊问题

1. 乡镇（街道）和开发区（工业园区）工会层级确定问题。

近年来，由于经济社会发展，行政区划变化，行政管理体制中出现了开发区、乡镇、街道等管理层级。全国总工会在推进这些层级相关单位的工会组织建设方面做了大量的工作，乡镇（街道）、开发区（工业园区）工会作为一种组织形式比较普遍。建立与其组织体制一致的财务管理体制十分迫切。

根据《中华全国总工会办公厅关于规范乡镇（街道）工会财务工作的意见》的规定，按照“统一领导、分级管理”的工会财务管理体制，乡镇（街道）工会应作为财务管理的一个层级。暂不作为一级预算管理单位的乡镇（街道）工会，由省一级工会根据自身情况，从实际出发，采取适当方式解决其经费来源，保证其开展工作必需的经费。

为进一步加强乡镇（街道）、开发区（工业园区）工会经费管理，2014年，全国总工会下发了《中华全国总工会办公厅关于加强和规范乡镇（街道）、开发区（工业园区）工会经费管理的通知》，明确了乡镇（街道）、开发区（工业园区）工会经费管理的具体要求。

（1）加强乡镇（街道）、开发区（工业园区）工会建设，在成立工会工作委员会、工会联合会、总工会等各个环节，保证相应的经费来源。县以上各级工会要加大对乡镇（街道）、开发区（工业园区）工会的经费投入力度，要按照权随责走、费随事转原则，通过转移支付、项目化管理、确定分成比例及定额补助等方式，把工会经费向乡镇（街道）、开发区（工业园区）工会倾斜。

（2）全国总工会在每年的对下补助中，安排专项资金用于乡镇（街道）工会，专项用于乡镇（街道）工会工作。

（3）各省、自治区、直辖市总工会要按照《全国总工会财务部关于省级以下各级工会经费分成比例有关事项的通知》的有关要求，自行确定所辖乡镇（街道）、开发区（工业园区）工会一级的经费分成比例。对尚不具备条件确定乡镇（街道）、开发区（工业园区）工会经费分成比例的，省级工会（市级工会、县级工会）应采取经费定额补助方式，对所辖乡镇（街道）、开发区（工业园区）工会每年给予专项补助。

（4）根据《工会法》和国家有关部委的规定，乡镇（街道）、开发区（工业园区）政府（管委会）应当为工会办公和开展活动提供必要的设施和活动场所等物质条件。乡镇（街道）、开发区（工业园区）工会的专职、兼职工会干部的工资、津补贴以及社会保障和其他福利待遇等，由乡镇政府、街道办事处、开发区（工业园区）政府（管委会）承担。

（5）乡镇（街道）、开发区（工业园区）工会要积极承接政府（管委会）转移职能和项目，争取政府（管委会）的财政补助、活动经费或专项经费，强化乡镇（街道）、开发区（工业园区）工会经费保障。

（6）乡镇（街道）、开发区（工业园区）工会要坚持工会经费服务工会工作和职工群众的方向，确保工会经费用于开展工会活动和用在职工身上，为职工群众办实事、做好事、解难事，让工会经费真正惠及职工群众和工会会员。乡镇（街道）、开发区（工业园区）工会的经费支出范围包括：为会员及其他职工开展教育、文体、宣传等活动产生的支出；直接用于维护职工权益的支出；培训工会干部、加强自身建设及开展业务工作发生的各项支出；聘用社会化工会工作者的支出；工会日常行政支出；对所辖基层工会的经费补助以及对基层兼职工会干部发放的补贴。

(7) 乡镇（街道）、开发区（工业园区）工会要根据工会经费独立原则，开设独立的银行账户，实行工会经费独立核算。对尚不具备独立核算条件的乡镇（街道）、开发区（工业园区）工会，在其自愿的基础上，可实行由县级工会财务集中管理、分户核算的“上代下”会计核算模式。

(8) 乡镇（街道）、开发区（工业园区）工会要认真贯彻落实《工会法》、《中国工会章程》，以及全国总工会《工会预算管理办法》和《关于加强工会经费财务管理和审计监督切实管好用好工会经费的通知》精神，切实加强工会经费收支管理，做好年度经费预决算工作，严格控制工会经费开支，坚决制止奢侈浪费，合理有效地使用资金。各项开支实行集体领导下的一把手负责制，重大开支的集体研究决定。不准将工会经费用于服务职工群众和开展工会活动以外的开支。

2. 在一个省（自治区、直辖市）内有二级机构的大型联合企业工会与省级产业工会，经当地省级工会批准，作为三级经费管理单位。

3. 根据《中华全国总工会关于企业集团公司工会经费管理的规定》的有关规定，企业集团公司母公司工会的上一级财务管理部门是其所在地总工会。母公司工会的经费留成比例由省级总工会研究确定。母公司所在地的所属子公司工会直接受母公司工会的领导，子公司工会所提取的工会经费要按比例上缴给母公司工会，由母公司工会按省级总工会确定的分成比例向所在地总工会上解经费。母公司工会与所在地子公司工会之间的分配比例由公司确定。企业集团公司的母公司所属子公司在外地的，其经费管理，按属地原则，经费上缴渠道和上解比例不变。

4. 工会机关及直属事业单位，是以本级工会经费拨款或自身业务收入解决开支问题的，不参与经费分成，不单独算作一个财务管理层级。

第二节　工会财务管理的内容和职责

工会财务工作包括财务管理和会计核算。二者都是以工会组织的资金运动为对象，以发挥工会组织职能作用、维护工会组织稳定发展、提高工会经费资金使用效益为目的的经济管理活动。工会财务工作是工会整体工作的重要组成部分。

工会财务管理侧重于工会财务工作的经费收缴和经费使用等各项财务规范化管理工作。工会会计核算侧重于记录、反映和监督经济活动的过程及其成果。了解和掌握工会财务管理的内容，抓住工会财务工作的重点和核心，是做好工会财务工作的关键。

一、工会财务管理的内容

一般来说，工会财务管理的内容主要包括制度建设、经费收缴管理、预算管理、决算管理、支出管理、工会会计基础管理、工会财务监督管理等。

（一）工会财务管理制度建设

各级工会应当根据财务会计业务的需要，建立健全内部财务会计管理制度。其内容主要包括：收支预决算制度、货币资金管理制度、票据管理制度、财务收支管理制度、专项资金管理制度、债权债务管理制度、账务处理程序制度、内部控制制度、经费预算定额管理制度、财产清查制度、财务会计分析制度、岗位责任制度、会计档案管理制度等。

按照《财政部关于印发〈行政事业单位内部控制规范（试

行）〉的通知》的要求，建立与实施内部控制，遵循全面性、重要性、制衡性和适应性原则。坚持内部控制应当符合国家有关规定和单位的实际情况的原则，并随着外部环境的变化、单位经济活动的调整和管理要求的提高，不断修订和完善。

（二）工会经费收缴管理

一是加强工会预算各项收入管理。工会组织的预算收入包括：会费收入、拨缴经费收入、上级补助收入、政府补助收入、行政补助收入、事业收入、投资收益和其他收入。各项收入均应纳入预算管理。各级工会要按照法定收入来源渠道依法组织好各项收入。

二是加强拨缴经费收入管理。各级工会切实履行工会组织经费收缴的主体责任，不断加大与税务、财政、银行等部门的协调沟通力度，努力扩大税务代收、财政统一划拨工会经费的覆盖面，建立健全《工会经费收入专用收据》管理制度并用好这一制度，任何单位不得违反规定转让、出借、代开、买卖专用票据，不得擅自扩大票据适用范围。

三是建立健全收入管理制度。各级工会应当合理设置岗位，明确相关岗位的职责权限，确保收款、会计核算等不相容岗位相互分离。各项收入应当由财务部门归口管理并进行会计核算，严禁设立账外账。业务部门应当在涉及收入的合同协议签订后及时将合同等有关材料提交财会部门作为账务处理依据，确保各项收入应收尽收，及时入账。财会部门应当定期检查收入金额是否与合同约定相符；对应收未收项目应当查明情况，明确责任主体，落实催收责任。财政票据、发票等各类票据的申领、启用、核销、销毁均应履行规定手续。

（三）工会预算管理

工会预算是经一定程序核定的工会经费年度收支计划。工会预算管理是工会财务管理的重要内容。工会预算管理的主要内容包括以下几个方面：

一是健全完善工会预算管理制度。工会预算管理制度是规范和加强工会组织预算编制、审批、执行、监督管理的约束性规定。为加强各级工会的预算管理，进一步提高各级工会及事业单位的预算管理水平，2009 年 8 月，全国总工会制定了《关于印发〈工会预算管理办法〉的通知》。2019 年 12 月，全国总工会办公厅印发《工会预算管理办法》的通知，原制度废止。2020 年 12 月，全国总工会办公厅印发《基层工会预算管理办法》的通知，对基层工会组织的预算管理进一步明确。各省级工会根据工会预算管理办法制定了一系列实施办法，工会系统逐步建立了较为完善的工会预算管理制度体系。

二是加强预算编制管理。各级工会包括基层工会和各级工会所属事业单位，必须编制年度工会经费收支预算。预算编制应遵循“统筹兼顾、保证重点；收支平衡、真实合法”原则，全部收支均应纳入预算管理。按照“统一领导、分级管理”的原则，上级工会应加强对下级工会预算的审核、批复与监督。各级工会年度预算必须履行法定的审批程序。

三是加强预算执行管理。各级工会必须严格按照上级批准的预算做好预算执行工作，不得随意改变预算内容，不得截留、挪用专项预算资金，维护预算的刚性约束，严禁无预算、超预算支出。预算调整（调增或调减）必须按预算审批权限履行审批程序。落实中央八项规定及其实施细则精神，坚持厉行勤俭节约、反对奢侈浪费，严格控制一般性支出和“三公”经费支出。

四是加强预算绩效管理。各级工会编制工会预算时要牢固树立预算绩效意识，预算绩效目标设置要科学、合理、可量化，加强预算执行过程中预算绩效目标的监控，研究制定工会预算绩效指标体系与评价标准，组织开展预算绩效评价，统筹工会经费资金使用，盘活存量资金，提高工会预算资金使用绩效。

（四）工会决算管理

工会决算报告既是各级工会组织及所属事业单位年度终了预算执行情况的总结性文件，又是全国工会系统包括各级工会组织、工会所属事业单位、企业以及主管的协会、学会、基金会某一特定时期财务资产状况的真实反映。全国总工会 2018 年底正式出台了《工会决算报告制度》。制度要求各单位按执行的会计制度分别填报各类型的决算报表，审核完成后上报。县级以上工会组织需汇总完成本级和下一级工会的决算报告，审核无误后上报上级工会。最终形成全国总工会总决算和地方各级工会决算。全国总工会财务部负责并对本级机关和本级所属执行政府会计制度的事业单位的决算报告进行审批，对本级所属的其他单位和各省级工会的决算报告进行备案。县级以上工会财务管理部门对下级工会结算报告财务审批或者备案方式进行管理。

（五）工会经费支出管理

一是建立健全支出管理制度。确定单位经济活动的各项支出标准，明确支出报销流程，按照规定办理支出事项。合理设置岗位，明确相关岗位的职责权限，确保支出申请和内部审批、付款审批和付款执行、业务经办和会计核算等不相容岗位相互分离。按照支出业务的类型，明确内部审批、审核、支付、核算和归档等支出各关键岗位的职责权限。加强支出审批控制。明确支出的内部审批权限、程序、责任和相关控制措施。审批人员应当在授权范围内审批，不得越权审批。财会部门根据支出凭证及时准确登记账簿；与支出业务相关的合同等材料应当提交财会部门作为账务处理的依据。

二是加强支出管理的合规合理性。县级以上工会依据《县级以上工会支出管理暂行办法》制定本地区、本行业、本系统的实施细则，并据此加强对所属县级以上工会的经费支出管理。基层工会按照《基层工会经费收支管理办法》和所在地区、行业、系统的省级工会制定的实施细则的要求，加强对工会经费的支出管理。在经费使用的过程中，确保经费的独立性，认真落实各项开支实行工会委员会集体领导下的主席负责制，通过预算管理、严格审批程序、重大事项集体决策等程序，做好工会经费的使用工作。严格执行中央八项规定及其实施细则精神，严格执行党风廉政建设有关规定，严格执行工会经费“八不准”规定。

三是加强对外投资的管理。明确相关岗位的职责权限，确保对外投资的可行性研究与评估、对外投资决策与执行、对外投资处置的审批与执行等不相容岗位相互分离。对外投资应当由单位领导班子集体研究决定。加强对投资项目的追踪管理，及时、全面、准确地记录对外投资的价值变动和投资收益情况。建立责任追究制度。对在对外投资中出现重大决策失误、未履行集体决策程序和不按规定执行对外投资业务的部门及人员，应当追究其相应的责任。

四是加强工会经费用于建设项目的支出管理。各级工会应加强建设项目的可行性研究，健全完善项目决策机制。严格按照国家标准控制建设项目投资概算，加强项目建设过程的投资控制、结算审核。项目竣工后及时办理工程项目验收和项目竣工财务决算的审核，可委托具有相应资质的中介机构审核，并以此为支付工程价款的依据。

（六）工会会计基础管理

工会会计基础管理包括工会会计机构管理、工会会计人员管理、工会会计交接管理、工会会计档案管理等内容。各级工会组织应该做好工会会计的基础工作，为各项财务管理业务的具体开展提供组织保障和人员保障。

（七）工会财务监督管理

各级工会组织要以《工会财务监督暂行办法》为依据，持续推进工会财务监督检查，努力健全完善各级工会财务监督体系。要按照《工会财务监督暂行办法》相关要求，制定出台省级工会财务监督办法，细化工会财务监督业务流程，完善财务监督配套制度。省级工会应结合实际，积极探索、先行先试，充分发掘工会财务管理人才，破解工会财务监督人员力量不足的问题。各级工会组织要创新财务监督方式，探索建立财务监督与巡视巡察、政府审计和内部审计、群众监督相统一的监督检查工作机制，积极推广“交叉互审”、“上下联审”等行之有效的财务监督检查方式，指导下级工会做好财务监督检查工作。

二、工会会计核算

工会财务工作的另一个主要内容是会计核算。各级工会组织统一采用《工会会计制度》进行会计核算。2021 年 4 月 14 日，财政部印发现行《工会会计制度》，自 2022 年 1 月 1 日起执行，原 2009 年印发的《工会会计制度》废止。2021 年 6 月 30 日，财政部印发《工会新旧会计制度有关衔接问题的处理规定》，对新旧工会会计制度进行衔接的有关会计处理问题进一步明确。2021 年 9 月 15 日，财政部办公厅、全国总工会办公厅联合印发《关于做好〈工会会计制度〉贯彻实施准备工作的通知》，要求各级工会组织做好《工会会计制度》的更新落实工作。

三、抓好工会财务管理的着力点

为加强工会财务会计基础工作，规范工会财务会计管理，进一步提高工会财务管理水平，2020年12月《中华全国总工会办公厅关于印发〈工会财务会计工作考核办法〉的通知》，对各级工会的财务会计工作进行考核，明确指标为规范化建设提供引领。对省级工会考核的主要内容包括：经费上缴、预算管理、决算管理、绩效管理、会计基础工作和财务监督6个方面的工作，具体通过38项考核指标，即基础指标37项和指导指标1项进行具体检查。这6个方面工作和38项具体工作任务都是进行工会财务管理工作的重点抓手。

（一）经费收缴方面

一是建立健全经费收缴制度；二是组织经费收缴工作，完善经费收缴工作机制；三是经费上缴预算编制及时准确，按时上报《年度上缴经费预算申报表》和年度经费收缴预算分析报告；四是按进度足额完成预算经费上缴，并上报《季度经费收缴情况表》；五是积极贯彻落实经费收缴政策；六是超额完成上缴经费预算可获得加分。

（二）预算管理方面

一是预算报告编制全面、真实、准确，并及时上报；二是预算编制、调整程序规范；三是建立健全预算管理制度；四是发挥县级以上工会职能，加强对所属工会预算管理；五是规范结转结余资金管理；六是开展预算评审、项目库管理、制定项目标准工作；七是建立预算执行情况定期分析机制；八是建立预算执行情况通报制度并有效执行；九是将预算执行情况与预算安排挂钩管理。

（三）决算管理方面

一是做好本级决算报告、汇总报告编制真实、完整、准确，并及时上报上一级工会；二是决算经同级经审会审查同意；三是按规定开展决算工作，并报送决算开展情况；四是积极推进所属工会决算汇总工作覆盖面，提高所属工会决算汇总质量；

五是建立健全决算管理制度；六是决算资料管理统一规范，类型齐全。

（四）绩效管理方面

从本质上说绩效管理也是预算管理的一部分。一是建立健全绩效管理制度；二是组织推进本级及所属工会绩效管理工作；三是制定适合本级及所属工会的绩效参考指标和评价指标；四是绩效评价结果能应用到预算安排工作中；五是能够上报本地区绩效管理工作情况。

（五）会计基础方面

一是按规定设置会计机构，配备会计人员，建立健全岗位责任制；二是会计核算及时准确规范；三是银行账户管理规范，银行存款管理规范；四是票据使用、管理规范；五是会计档案管理规范；六是在经费收缴、票据管理、会计核算、预决算等方面，加强信息化建设；七是加强对所属工会财务人员培训指导，提升工会会计工作能力。

（六）财务监督方面

一是建立健全对本级和所属工会财务监督制度和机制；二是建立健全内部控制制度，完善内部控制体系；三是开展财务监督工作；四是开展内部控制工作评价情况；五是向上一级工会财务部门报告财务监督工作情况。

思考题：

1. 简述工会财务管理体制的确定原则和特点。
2. 工会财务管理的层级是如何划分的？
3. 工会财务管理的内容和职责是什么？

第三章　工会收支预算和决算管理

第一节　工会预算管理

预算管理是工会财务管理的重要内容，了解工会预算的含义、原则及各层级的职责和权限等，是做好工会财务工作的基本条件。

工会预算是工会组织为了实现自身职能作用的发挥，有计划地筹集和分配工会资金的工具。它是根据党和国家有关方针政策和工会的年度工作计划编制的。为了深入学习贯彻习近平总书记关于工人阶级和工会工作的重要论述，落实中央党的群团工作会议精神，工会每年都要制定工作计划。为保证工会年度工作计划的完成，工会还必须编制与之相适应的预算。工会预算体现着党和国家有关的政策方针，反映着计划年度内工会工作的活动范围、规模和方向，它是工会工作计划的资金反映，也是实现计划的财务保证。

工会预算管理就是对工会预算的编制、审批、执行、调整过程进行的组织、指挥、监督、控制和协调工作。工会预算管理贯穿于工会预算编制和执行的全过程，它是工会财务管理的主要组成部分，也是工会财务部门的一项经常性工作。

一、工会预算管理的含义

工会预算管理是指经一定程序核定的工会经费年度收支计

划，是收好、管好、用好工会资金的重要手段，是工会财务管理的重要内容。各级工会和所属预算管理单位必须按照《工会预算管理办法》，办理工会预算、决算。

根据《工会法》、《预算法》、《中华人民共和国预算法实施条例》，全国总工会于 1999 年 1 月 1 日重新颁布执行《工会预算管理办法》，2001 年对《工会预算管理办法》有关条款进一步说明，作为全国各级工会和所属预算管理单位执行的依据。2009 年制定了新的《工会预算管理办法》。2019 年 12 月 31 日，根据《预算法（2018 年修正）》，重新修订《工会预算管理办法》。根据“统一领导、分级管理”的工会财务管理原则，工会预算一般分为五级管理层级，即全国总工会、省级工会、市级工会、县级工会、基层工会。省级工会可根据乡镇（街道）工会、开发区（工业园区）工会发展的实际，确定省级以下工会的预算管理级次，并报全国总工会备案。每级工会总预算包括本级预算和汇总的下一级工会总预算，下一级工会只有本级预算的，下一级工会总预算即为下一级工会的本级预算。

本级预算是指各级工会本级次范围内所有收支预算，包括本级所属单位的单位预算和本级工会的转移支付预算。

单位预算是指本级工会机关、所属事业单位的预算。转移支付预算是指本级工会对下级工会的补助预算，分为一般性转移支付和专项转移支付。一般性转移支付是上级工会拨给下级工会未指定用途的补助，专项转移支付是上级工会拨给下级工会用于专项工作的补助。

二、工会预算管理的原则及要求

工会预算的编制是工会预算管理工作的开始。工会预算编制的好坏，不仅关系到工会预算收支能否顺利实现，也关系到能否从财力上保证工会工作任务的完成和工会事业计划的实现。因此，正确编制工会预算是工会财务工作的一项基本任务。

为了保证工会预算的统一、完整、真实、准确，便于上级工会审核、汇总，工会预算管理的原则和要求如下。

一是工会预算管理实行下管一级的原则。

二是坚持统筹兼顾、勤俭节约、量力而行、讲求绩效和收支平衡的原则。

三是工会的年度预算应围绕党和国家工作大局，紧扣工会中心工作，根据跨年度预算平衡的原则，参考上一年预算执行情况、存量资产情况和有关支出绩效评价结果，编制预算草案。

四是编制收入预算要考虑包含工会及所属预算单位的全部收入。编制支出预算要贯彻勤俭节约的原则，优化经费支出结构，保障日常运行经费，从严控制“三公”经费和一般行政性支出，重点支持维护职工权益，为职工服务和工会活动等工会中心工作。

五是县级以上工会行政性支出预算，应参照同级政府的有关规定、制度、费用标准以及核定的人员编制编列，当年未执行完毕的基本支出预算可在下年继续使用。县级以上工会接受的财政补助资金要纳入预算管理，依据财政确定的开支范围专款专用。不得截留、挪用和改变资金用途。房屋建筑物购建、专项设备购置、大型修缮等预算，需附经有关专业部门论证的可行性工程项目论证报告、立项批复、开工许可等相关文件，按照工程进度及资金状况编制当年预算。列入地方基本建设或更新改造计划的工程项目，应附地方政府或相关部门文件。

各级工会用部分结余经费投资时，必须进行可行性经济分析论证，并提出书面报告，报职能部门审核，经工会委员会（常委会）讨论通过后，方可列入预算。

六是县级以上工会可以按照本级预算支出额的百分之一至

百分之三设置预备费，用于当年预算执行中因处理突发事件、政策性增支及其他难以预见的开支。县级以上工会可以设置预算稳定调节基金，用于弥补以后年度预算资金的不足。

七是预算年度自公历1月1日起至12月31日止。预算收支以人民币元为计算单位。

三、工会预算的管理职权

工会预算管理职权就是各级工会组织对工会预算的编制、批复、执行、调整、决算过程进行的组织、指挥、监督、控制和协调工作的职责权限。

（一）本级预算管理职权

1. 编制本级预算、决算草案和预算的调整方案。

2. 审批下一级工会及本级所属单位的预算、决算，汇总本级及所属各级工会的决算。

3. 组织本级预算的执行，按规定程序办理预算调整。

4. 监督、检查下级工会和所属单位的预算执行情况。

5. 协调处理工会与同级政府财政部门或其他有关部门在工会预算管理方面的政策和经济关系。

各级工会财务部门是本级预算管理的职能部门，具体负责本级预算管理工作。

（二）单位预算管理职权

1. 编制本单位预算、决算草案。

2. 按照批准的预算，积极组织各项收入，合理安排各项支出，按照规定办理各项收支业务，及时、足额上缴应缴款项。

3. 指导、监督所属报销单位或内部核算单位的各项财务收支工作。

4. 定期向主管工会财务部门报告预算执行情况。

四、工会预算的收支范围

工会预算由预算收入和预算支出组成，包含工会及所属预算单位的全部收入和支出。

预算收入包括：会费收入、拨缴经费收入、上级补助收入、政府补助收入、行政补助收入、事业收入、投资收益和其他收入。

预算支出包括：职工活动组织支出、职工活动支出、职工服务支出、维权支出、业务支出、行政支出、资本性支出、补助下级支出、上缴上级支出、对附属单位的支出、事业支出、经营支出、投资支出、债务还本支出和其他支出。

五、工会预算的编制与审批

全国总工会汇总编制全国工会预算。

全国总工会本级预算草案，报全国总工会领导同志签批后，经全国总工会经费审查委员会审查，提交全国总工会党组会议审议通过后执行。省级（含）以下总工会预算由财务部门编制，经必要程序审查、审议通过后报上一级工会审批或备案，上一级工会认为下一级工会预算与法律法规、上级工会预算编制要求不符的，有权提出修订意见，下级工会应予以调整。

六、工会预算的执行与调整

（一）各级工会预算由本级工会组织执行，具体工作由财务管理部门负责。作为预算执行的主体，各级工会所属预算单位需对预算执行结果负责。

（二）各级工会应按照年度预算积极组织收入。按照规定比例及时、足额拨缴工会经费，不得截留、挪用。

（三）预算批准前，上一年结转的项目支出和必要的基本支出可以提前使用。送温暖支出、突发事件支出和本级工会已确定年度重点工作支出等需要提前使用的，必须经集体研究决定。预算批准后，按照批准的预算执行。

（四）各级工会应根据年度支出预算和用款计划拨款。未经批准，不得办理超预算、超计划的拨款。

（五）县级以上工会必须根据国家法律法规和全国总工会的相关规定，及时、足额拨付预算资金，加强对预算支出的管理和监督。各预算单位不得擅自扩大支出范围，提高开支标准，不得擅自改变预算资金用途，不得虚假列支。

（六）县级以上工会因处理突发事件、政策性增支及其他难以预见的开支时，需增加预算支出的，可动用预备费。由本级工会财务管理部门提出动用方案，报本级工会集体研究决定。

（七）各级工会预算收支总额需要增减变动的、动用预备费仍不足以安排支出的、需要调减预算安排的重点支出数额的、动用预算稳定调节基金的，可以进行预算调整，预算调整的程序按照预算编制的审批程序执行。在预算执行中，各级工会因上级工会和同级财政增加不需要本级工会提供配套资金的补助而引起的预算收支变化，不属于预算调整。

（八）县级以上工会在预算年度中出现超收的，只能用于补充预算稳定调节基金；出现短收的，应通过减少支出、调入预算稳定调节基金来解决。以上变化情况应在决算说明中进行反映。

（九）县级以上工会和具备条件的基层工会应全面实施预算绩效管理。

七、工会预算的监督与法律责任

（一）各级工会财务管理部门按照相关规定，对本级所属单位及下一级工会预（决）算进行财务监督。

（二）各级工会的预（决）算接受同级工会经费审查委员会的审查审计监督。预算执行情况同时接受上一级工会经费审查委员会的审计监督。

（三）各级工会预算执行情况、决算依法接受政府审计部门的审计监督。

（四）各级工会、各预算单位如有未按规定编报本级预（决）算草案、预算调整方案和批复预（决）算的，虚列收入和支出的，截留、挪用、拖欠拨缴经费收入的，未经批准改变预算支出用途的，责令改正，对负有直接责任的主管人员和其他直接责任人员追究行政责任。

（五）各级工会、各预算单位及工作人员如有虚报、冒领预算资金的，违反规定扩大开支范围、提高开支标准的，责令改正，追回骗取、使用的资金，有违法所得的没收违法所得，对单位给予警告或者通报批评；对负有直接责任的主管人员和其他直接责任人员依法给予处分。

（六）县级以上工会预（决）算应在工会内部公开，经单位批准可向社会公开。基层工会预（决）算应向全体工会会员公开。涉密事项的预（决）算不得公开。

八、基层工会预算管理要点

基层工会作为工会系统的基石，预算编制质量关系到工会总预算的准确性。基层工会应按照上级工会规定的经费开支标准，科学测算完成工作计划的资金需求，统筹落实各项收入，准确编制工会经费年度预算。

（一）基层工会预算收入包括：会费收入、拨缴经费收入、上级补助收入、行政补助收入、附属单位上缴收入、投资收益和其他收入。

（二）基层工会预算支出包括：职工活动支出、职工服务支出、维权支出、业务支出、资本性支出、对附属单位的支出和其他支出。

（三）基层工会在会费收入、拨缴经费收入、上级工会补助收入、附属单位上缴收入、投资收益和其他收入等当年预算收入不能满足完成全年工作任务资金需求的情况下，应优先动用以前年度结余资金进行弥补。结余资金不足的，可向单位申请行政补助，编列基层工会行政补助收入预算。基层工会不得编制赤字预算。

（四）经批准的预算是基层工会预算执行的依据。基层工会不得无预算、超预算列支各项支出。

（五）基层工会应根据经批准的年度支出预算和年度工作任务安排，合理安排支出进度，严格预算资金使用。基层工会各项支出实行工会委员会集体领导下的主席负责制，重大收支需集体研究决定。

（六）基层工会预算一经批准，原则上不得随意调整。确因工作需要调整预算的，需详细说明调整原因、预算资金来源等，经必要程序审查、批准后报上级工会备案。因上级工会增加不需要本工会配套资金的补助而引起的预算收支变化，不需要履行预算调整程序。

（七）基层工会在预算执行过程中，对原实施方案进行调整优化，导致支出内容调整但不改变原预算总额的，不属于预算调整，不需要履行预算调整程序。

（八）具备条件的基层工会应全面实施预算绩效管理。

九、结转结余资金在预算中如何处理

（一）结转结余资金是指按照批复的预算，在年度预算执行结束时，未列支的预算资金。结转资金是指预算未全部执行或未执行，下年需按原用途继续使用的预算资金。结余资金是指项目实施周期已结束、项目目标完成或项目提前终止，尚未列支的项目支出预算资金；因项目实施计划调整，不需要继续支出的预算资金；预算批复后连续两年未用完的预算资金。

（二）年度预算执行结束时，尚未列支的基本支出全部作为结转资金管理，结转下年继续用于基本支出。

项目实施周期内，年度预算执行结束时，已批复的预算资金尚未列支的部分，作为结转资金管理，结转下年按原用途继续使用；连续两年未用完的项目支出，作为结余资金处理，按照原预算渠道收回。

（三）结转结余资金应与会计账表相关数字保持一致。

预算单位在年度预算执行结束后，根据预算执行情况和工作需要，提出结转结余申请，由同级工会财务管理部门审核确认。

年初预算批复的结转结余资金与决算批复数据不一致的，以决算批复数据为准，并在年度预算调整时进行调整。

（四）基层工会当年未执行完毕的上级工会专项转移支付资金，在下一预算年度按剩余资金额度编制支出内容相同的项目支出预算，不按结转结余资金管理。

（五）县级（含）以上各级工会应掌握本级和下一级工会的结转结余资金规模、构成和形成原因。

（六）县级（含）以上各级工会在预算执行中因增人增编、政策性调资需增加基本支出的，应首先通过基本支出结转资金安排。

十、为什么要建设预算支出标准体系

预算支出标准体系是各类预算支出定额标准组成的相互联系、相互补充的有机整体，是合理分配经费资源的基础依据、是实施预算公开透明的重要方式、是硬化预算支出的必要举措。

推进预算支出标准体系建设对于深化预算管理制度改革、提高资金分配效率和使用绩效具有重要意义。

1. 工会预算支出标准指各级工会组织对预算事项合理分类并对支出内容分别规定，结合经济社会发展水平，以项目的资产配置量、资产消耗量或业务工作内容为主要对象确定的财务支出标准。

2. 工会预算支出标准的制定原则分步实施、突出重点、分工合作、动态优化。

3. 各级工会财务管理部门是统筹管理预算支出标准制定工作的职能部门。各级工会预算申报单位、部门负责制定所申报预算的对应支出标准。

工会支出标准制定办法由全国总工会制定后颁布。

第二节 工会决算管理

一、工会决算的含义

各级工会组织应在年度终了，按照《工会预算管理办法》和《工会决算报告制度》要求，编制本级工会收支决算草案和汇总编制本级年度工会决算报告。

本级工会收支决算草案是年度终了，各级工会在日常会计核算的基础上编制的、综合反映本单位预算执行结果和财务状况的总结性文件。决算未经批准，称为决算草案。

各级工会汇总编制的本级年度工会决算报告，是指各级工会组织按上级工会的工作部署汇总本级工会及下一级工会的年度决算报告。工会决算报告包括工会机关所属事业单位年度终了，按照有关规定编报的年度收支决算和工会所属企业、协会、学会、基金会年度终了按照有关规定编制的年度会计报告。

二、工会决算的主要内容及工作职责

工会本级收支决算和汇总的工会决算报告主要内容包括：决算报表和报表填报情况说明。决算报表主要反映单位决算结果、财务状况和机构人员等信息。全国总工会财务部每年可根据财务管理需要调整决算报告编制内容。

工会决算管理的工作职责如下：

（一）全国总工会财务部是工会决算报告工作的主管部门。负责制定工会系统决算报告的规章制度、报表体系，组织和指导全国工会决算信息化建设。

全国总工会财务部负责编制全国总工会机关决算报告，并分别按工会组织、事业单位、企业及非营利组织四种类型汇总全国总工会本级和各省级工会的决算报告。

全国总工会财务部负责审批全国总工会机关和本级所属执行《政府会计制度》的事业单位的决算，负责本级其他单位决算和各省级工会汇总决算的备案管理。全国总工会本级决算须向全国经费审查委员会汇报。

（二）省级工会财务管理部门负责编制本级机关决算报告，并分别按工会组织、事业单位、企业及非营利组织四种类型汇总省本级和所属各级工会的决算报告。

省级工会财务管理部门负责审批本级机关和本级所属执行《政府会计制度》的事业单位的决算，负责本级其他单位决算的备案管理。

省本级工会决算须经同级工会委员会（或常委会、主席办公会）讨论通过，并经同级经费审查委员会审查通过。省级工会汇总决算需上报全国总工会财务部。

（三）地市级工会财务管理部门负责编制本级机关决算报告，并分别按工会组织、事业单位、企业及非营利组织四种类型汇总本级和所属各级工会的决算报告。

地市级工会财务管理部门负责审批本级机关和本级所属执行《政府会计制度》的事业单位的决算，负责本级其他单位决算的备案管理。

地市级本级工会决算须经同级工会委员会（或常委会、主席办公会）讨论通过，并经同级经费审查委员会审查通过。地市级工会汇总决算需上报上一级工会财务管理部门。

（四）县级工会财务管理部门负责编制本级机关决算报告，并分别按工会组织、事业单位、企业及非营利组织四种类型汇总本级和所属各级工会的决算报告。

县级工会财务管理部门负责审批本级机关和本级所属执行《政府会计制度》的事业单位的决算，负责本级其他单位决算的备案管理。

县本级工会决算须经同级工会委员会（或常委会、主席办公会）讨论通过，并经同级经费审查委员会审查通过。县级工会汇总决算需上报上一级工会财务管理部门。

县级以上工会对下级工会决算报告采取审批还是备案方式，由县级以上工会财务管理部门根据自身需要确定。

县级以上工会财务管理部门根据分级管理的原则，分别组织和指导本地区各级工会决算报告的编制、汇总、批复以及数据汇总分析、考核评价、软件培训工作。

（五）各基层工会应按照上级工会要求，组织实施本单位的决算报告工作，真实、准确、完整、及时编制并报送本单位的决算报告。有所属单位的基层工会需按不同类型决算报告汇总后上报上一级工会财务管理部门。

（六）各单位负责人对本单位的决算报告的真实性和完整性负责。财务人员应当认真、如实编制决算报告，不得故意漏报、瞒报有关决算报告信息，更不得编造虚假决算报告信息。

（七）各级工会应当认真组织开展决算报告工作，加强工作考核。

三、决算工作要求

年度终了，各级工会应当按照全国总工会财务部的统一部署和要求，根据“统一领导，分级管理”原则自下而上逐级编制、报送、汇总工会决算报告。

各级工会应当在全面清理收入、支出、资产、负债以及年终结账的基础上编制工会决算报告，做到数据真实准确、内容完整。

县级以上工会财务管理部门应当认真做好决算审核备案工作，确保报送数据资料真实、完整、准确。凡发现决算报告编制不符合规定的，应当要求有关单位立即纠正，并限期重新报送。

县级以上工会财务管理部门汇总的决算报告，应当在上级工会财务部门规定的时间内报送。各省级工会财务管理部门汇总的决算报告，应在次年的 3 月底前上报全国总工会财务部。省级以下工会报送、汇总决算报告的时间由各省级工会财务管理部门确定。

县级以上工会汇总决算报告时，应抵销上下级之间、平级单位之间对应的重复项目。

决算批复内容包括所批复单位的工会经费收入、支出、结余及其他决算数据。批复文件中可列出所批复单位在财务管理工作以及决算审核中发现的主要问题，并提出改进意见。

四、分析利用

各级工会组织应当加强对决算报告的分析，强化分析结果的反馈和运用，规范和改进财务管理。

分析报告的主要内容包括：预算与决算差异分析；收入、支出、结余年度间变动原因分析；资金使用效益分析；资产、负债规模与结构分析；机构、人员对比分析等。

各级工会组织应当综合运用多种方法进行分析，主要包括：分类比较法、趋势分析法、比率分析法、因素分析法等。

各级工会组织要加强工会决算报告工作研究并逐步建立决算报告评价指标体系。

五、质量检查与资料管理

各级工会组织财务管理部门应采用适当方式对上报的决算报告的真实性、完整性和规范性等方面进行监督检查，可与财务监督工作相结合。

各级工会组织应该按照《会计档案管理办法》对决算报告资料进行归类整理、建档保存。

第三节　工会全面预算管理的要求

全面预算管理是工会财务管理的内在要求，是工会财务改革的重要内容。各级工会要牢固树立法治观念，切实增强依法理财的意识，运用法治思维、法治方式解决问题，严格按照《工会预算管理办法》等要求，将工会财务管理方式从“重投入”向“重绩效”转变，真正做到把工会资金“花在刀刃上、花在紧要处”。

一、坚持预算层级全覆盖

按照“统一领导、分级管理”的管理体制，工会预算一般分为五级管理，即全国总工会、省级工会、市级工会、县级工会和基层工会，实行下管一级。也就是说，县级工会负责审核、批复县以下基层工会预算，并汇总、上报主管市级工会；市级工会负责审核、批复县级工会预算，并汇总、上报主管省级工会；全国总工会负责审核、批复全国工会系统的工会经费预算。这样坚持做到每个预算层级都纳入预算管理和审批范围。

二、坚持预算单位全覆盖

工会预算包括总预算、本级预算和单位预算。总预算包括本级预算和汇总的下一级工会总预算。本级预算是指各级工会本级次范围内所有收支预算，包括本级所属单位的单位预算和本级工会的转移支付预算。单位预算是指本级工会机关、所属事业单位的预算。单位预算则是指与本级预算有相关经费收支管理关系的工会机关、企事业单位的预算。也就是说，县级工会总预算既包括县级工会本身的预算，还包括县所属事业单位的预算、对所属企业的补助预算和与县级工会有经费收支管理关系的基层工会经费预算。

为依法全面加强对全国总工会本级企事业单位财务管理，全国总工会制定了《中华全国总工会办公厅关于印发〈全总本级企事业单位财务管理若干规定〉的通知》，全国各级工会应按照该通知要求，对工会所属企事业单位从五个方面加强全面预算管理。

一是逐步建立工会所属企事业单位财务状况报告制度。以便掌握本级各企事业单位的资产总额、固定资产原值、负债总额、借款数额、收入总额、各级各类财政补助收入、工会经费补助收入及利润总额（结余）、财务计划和本单位财务状况、经营成果和现金流量。二是坚持统收统支。将全部收支纳入本单位财务账户统一进行管理和核算，并将管理情况上报本级工会。三是法人负责。各企业法人代表及事业单位负责人对本单位财务状况和经营成果、会计工作和会计资料的真实性、合法性负全部责任。四是严格预算。各企事业单位要合理编制，如实反映，依法组织收入，努力节约支出，严格控制预算追加。五是加强财务监督。本级工会要认真做好企事业单位的财务监督检查工作，对直属企事业单位的工会经费拨款使用情况进行财务监督管理，保证各类资金安全。

三、坚持预算收入全覆盖

坚持各级工会的预算收入分类管理，包括会费收入、拨缴经费收入、上级补助收入、政府补助收入、行政补助收入、财政拨款收入、非同级财政拨款收入、附属单位上缴收入、事业收入、经营收入、债务收入、投资收益和其他收入的预算管理。各级工会当年预算收入不足以安排当年预算支出的，可以动用以前年度结余资金弥补不足。

四、加强支出预算管理

加强工会经费预算编制的管理，严格执行《工会预算管理办法》、《基层工会预算管理办法》、《基层工会经费收支管理办法》和《县级以上工会支出管理暂行办法》，各级工会的全部收支必须全部统一纳入预算管理，制定的预算必须由党组集体审议决定，同级经费审查委员会履行相应审查职责。各级工会预算一经批复，原则上不得调整，确因特殊原因需要调整的，必须依据预算编制的审批手续执行。严禁无预算、超预算支出。从严从紧控制追加预算，切实维护预算执行的严肃性，保证工会资金安全。

细化预算内容，要参照财政预算基本支出定员定额管理的做法，积极推进工会经费基本支出预算定员定额管理；项目支出坚持勤俭高效、科学合理原则，努力提高预算编制的科学性、准确性和完整性。加强预算执行管理，硬化预算执行约束。建立健全覆盖所有工会经费和财政补助资金运行全过程的监督机制。

五、始终坚持工会经费正确使用方向

各级工会要认真贯彻《工会法》和《中国工会章程》，优化工会经费支出结构，严格控制一般性支出，坚持重心下移，将工会经费支出重点向基层倾斜，完善工会经费对下补助体制，对下项目补助资金要更多用于工会重点工作，确保大部分经费用于服务职工。对于各级财政用于困难职工帮扶的资金、劳动模范“三金”等专项资金，要严格规范管理，确保专款专用，决不允许任何转移、截留、挪用、改变资金用途等违法违纪违规问题的发生。

严格控制“三公”经费支出。坚决贯彻落实中央八项规定精神，以及《党政机关厉行节约反对浪费条例》和《党政机关国内公务接待管理规定》，发扬艰苦奋斗、勤俭节约的优良传统和作风，在经费使用上精打细算，严格执行会议、出差、公务接待等相关规定，严格执行集中采购制度，严禁将工会经费用于请客送礼、大吃大喝、旅游健身等，严禁以各种名义年终突击花钱和滥发津贴、补贴、奖金、实物，严禁报销与公务活动无关的费用，严禁将工会账户并入单位行政账户，严禁单位行政将相关资金转入工会账户，作为单位的“小金库”支配使用。

六、加强工会经费收支决算管理，建立和完善工会决算报告制度

全国总工会和各级工会要逐步建立和完善工会经费财务决算报告制度，按年度汇总全国工会系统工会经费收支决算。了解掌握全国各级工会经费收、管、用情况。各省级工会要完整、准确汇总本地区或本产业、本系统工会经费收支决算，基层工

会要按照工会经费财务决算报告制度的要求，及时、准确、完整地编报本单位年度收支决算。各级工会财务管理工会经费要按照全国总工会的部署，积极推进包括工会经费预决算管理在内的工会财务信息化建设。

第四节 工会预算绩效管理的要求

近年来，随着经济社会发展，公众对工会资金的“来源去向”越来越关注。工会财务管理不能只局限于“工会的钱袋子”，更多的要做到“花好、用好、管好”工会资金，并落实中央“过紧日子”要求，引用预算绩效管理的方式真正做到“把钱用在刀刃上”。预算绩效是一种“注重结果导向、强调成本效益、硬化责任约束”的新型预算管理方式，工会预算绩效管理是将绩效管理理念、绩效管理方法融入工会预算管理的全过程，使之与编制、执行、监督一起成为工会预算管理的有机组成部分。工会预算绩效管理是一种以工会经费支出结果为导向的预算管理模式，以绩效目标的实现为导向、以绩效运行监控为保障、以绩效评价为手段、以评价结果应用为关键的综合系统。其目的是逐步建立“预算编制有目标、预算执行有监控、预算完成有评价、评价结果有反馈、反馈结果有应用”的工会预算绩效管理机制。

一、工会预算绩效目标管理

绩效目标是预算绩效管理的基础，绩效目标管理包括绩效目标的设定、绩效目标的审核以及绩效目标的批复。绩效目标包括绩效内容、绩效指标和绩效标准，其设定要与部门目标高度相关。工会财务部门要依据全国总工会相关政策、资金支出方向和重点、部门职能等对预算单位提出的绩效目标进行审核，包括绩效目标与部门职能的相关性、绩效目标的实现所采取措施的可行性、绩效指标设置的科学性、实现绩效目标所需资金的合理性等。按照工会预算管理实行下管一级的原则，各级工会财务部门在预算批复中同时批复绩效目标。批复的绩效目标应当清晰、可量化，以便在预算执行过程中进行监控和预算完成后实施绩效评价时对照比较。

二、工会预算绩效运行监控

绩效运行监控是预算绩效管理的重要环节。各级工会预算单位要建立绩效运行跟踪监控机制，定期采集绩效运行信息并汇总分析，对绩效目标运行情况进行跟踪管理，跟踪监控中发现绩效运行目标与预期绩效目标发生偏离时，要及时采取措施予以纠正。

三、绩效评价实施

预算支出绩效评价是预算绩效管理的核心。预算执行结束后，及时对预算资金的产出和结果进行绩效评价，重点评价产出和结果的经济性、效率性和效益性。实施绩效评价要编制绩效评价方案，拟订评价计划，选择评价工具，确定评价方法，设计评价指标。具体执行单位要对预算执行情况进行自我评价，提交预算绩效报告，要将实际取得的绩效与绩效目标进行对比，如未实现绩效目标，须说明理由。组织开展预算支出绩效评价工作的单位要提交绩效评价报告，认真分析研究评价结果所反映的问题，努力查找资金使用和管理中的薄弱环节，制定改进和提高工作效率的措施。

四、绩效评价结果应用

绩效评价结果的应用是预算绩效管理全部工作的落脚点。各级工会应将绩效评价结果及时反馈给预算具体执行单位，根据绩效评价结果，完善管理制度，改进管理措施，提高管理水平，降低支出成本，增强支出责任；将绩效评价结果作为改进预算管理和安排以后年度预算的重要依据，优化资源配置；将绩效考评结果向同级职工代表大会报告，为开展工会工作提供参考，并可作为问责的重要依据。逐步提高绩效评价结果的透明性，对一些社会关注度高、影响力大的重点项目绩效评价结果应当按照信息公开的有关规定在一定范围内公开。

开展工会预算绩效管理工作对于改进工会预算管理、强化支出责任、优化资源配置、控制节约成本、提高工会服务质量有着重大意义，发挥了重要作用。

首先，通过工会预算绩效管理，加强工会经费支出效果分析，及时发现问题，调整和优化工会经费支出结构，加大工会经费对基层工会的投入、对职工群众需要的投入、对工会重点工作的投入，最大限度地满足基层工会和职工群众的需要，增强工会组织的政治性、先进性、群众性，贯彻落实党中央对于工会工作的重大部署。

其次，通过工会预算绩效管理，对工会经费投入的成本和产生的效果进行科学衡量和效益预测，加强对工会组织支出行为的约束与激励，有效提高工会经费的使用效果，不断改进完善工会财务管理方法，实现工会财务管理精细化、科学化，促进工会财务管理水平的提高。

再次，通过工会预算绩效管理，各级工会组织可以及时分析评价工会经费支出、工会经费分配的合理性、合规性和有效性，了解工会经费支出在各重点工作领域和项目中所起的作用，评价工会经费支出产生的直接经济效益，以及对劳动关系和社会经济活动所产生的影响，总结工会经费支出管理的经验和教训，最大限度地为工会经费有效投入提供参考依据，切实提高工会财务决策水平。

最后，通过工会预算绩效管理，关注预算资金的产出和效果，强调预算支出的责任和效率，有助于加强预算支出执行管理，提高预算支出的及时性、均衡性和有效性，对各项预算资金的追踪问效，扭转了当前预算管理中重投入、轻执行，重分配、轻管理，重使用、轻效益的倾向，有助于破解预算编制缺乏科学性、预算支出结构不合理、执行随意性大、管理监督职能弱化等问题。

全国总工会高度重视工会预算支出绩效管理工作。2016 年 1 月，印发了《工会预算支出绩效评价管理暂行办法》，对工会预算支出绩效评价的对象和内容、绩效目标、绩效评价指标及方法、绩效评价的组织管理、绩效评价工作程序、绩效自评报告和绩效评价报告、绩效评价结果及其应用作出了明确的规定。《工会预算支出绩效评价管理暂行办法》是工会开展预算绩效管理的指导性文件，是落实《工会预算管理办法》有关“预算安排的项目要逐步实行绩效考评制度”的具体化措施。2019 年 12 月，印发《中华全国总工会关于全面实施预算绩效管理的实施意见》，明确全面实施预算绩效管理是深化工会财务预算改革、健全完善工会财务管理制度、优化工会资金配置的重要举措，要求县级（含）以上工会要在 3—5 年间全面实施预算绩效管理。

工会预算支出绩效评价是指各级工会根据设定的绩效目标，运用科学、合理的绩效评价指标、评价标准和评价方法，对预算支出的经济性、效率性和效益性进行客观、公正的评价。实行本级预算管理的工会，实行单位预算管理的工会机关、工会企事业单位是绩效评价的主体。绩效评价的对象是纳入工会预算管理的资金，以项目支出为主，评价一定金额以上、与工会重点工作密切相关的、具有社会经济影响的项目，是在业务支出、资本性支出、补助下级支出和事业支出等科目中预算安排的项目支出。

工会预算绩效评价应当遵循以下基本原则：

（一）科学规范原则。绩效评价应当严格执行规定的程序，按照科学可行的要求，采用定量与定性分析相结合的方法。

（二）公正公开原则。绩效评价应当符合真实、客观、公正的要求，依法公开并接受监督。

（三）分级分类原则。绩效评价由各级工会根据评价对象的特点分类组织实施。

（四）绩效相关原则。绩效评价应当针对具体支出及其产出绩效进行，评价结果应当清晰反映支出和产出绩效之间的紧密对应关系。

工会预算绩效评价的主要依据包括：国家相关法律、法规和规章制度，工会工作的目标任务，预算管理制度、资金及财务管理办法、财务会计资料，预算资金的使用部门（单位）职能职责及年度工作计划，申请预算时提出的绩效目标及预算批复，年度预算执行情况，年度决算报告，审计报告，财务监督检查报告，其他相关资料等。

工会预算绩效评价的基本内容包括：绩效目标的设定情况，资金投入和使用情况，为实现绩效目标制定的制度、采取的措施，绩效目标的实现程度及效果等。

工会预算绩效目标是绩效评价的对象在一定期限内达到的产出和效果，是实施绩效评价的主要依据。绩效目标应当包括以下主要内容：预期产出，预期效果，达到预期产出所需要的成本资源，衡量预期产出、预期效果和服务对象满意程度的绩效指标，其他因素等。绩效目标的设置要符合工会工作的目标任务、预算资金使用部门（单位）的职能职责及年度工作计划并与相应的工会预算支出范围、方向、效果紧密相关。绩效目标应当从数量、质量、成本和时效等方面进行细化，尽量进行定量表述，不能以量化形式表述的，可以采用定性的分级分档形式表述。制定绩效目标时要经过调查研究和科学论证，目标要符合客观实际。

工会绩效评价指标分为共性指标和个性指标。共性指标是适用于所有评价对象的指标，包括预算编制和执行情况，财务管理状况，资产配置、使用、处置及其收益管理情况以及社会效益、经济效益等。个性指标是针对预算部门或项目特点设定的，适用于不同用款单位或部门和项目的业绩评价指标。共性指标由财务部门统一制定，适用于所有评价对象。个性指标由财务部门会同用款单位或部门制定。

工会绩效评价指标由全国总工会提供参考模板，绩效评价指标的确定应当遵循以下原则：

（一）相关性原则。应当与绩效目标有直接的联系，能够恰当地反映目标的实现程度。

（二）重要性原则。应当优先使用最具评价对象代表性、最能反映评价要求的核心指标。

（三）可比性原则。对同类评价对象要设定共性的绩效评价指标，以便评价结果能够相互比较。

（四）系统性原则。应当将定量指标与定性指标相结合，系统反映工会预算支出所产生的社会效益、经济效益、环境效益和可持续影响等。

（五）经济性原则。应当通俗易懂、简便易行，数据的获得应当考虑现实条件和可操作性，符合成本效益原则。

工会预算绩效评价方法的选用应当坚持简便有效的原则，

主要采用成本效益分析法、比较法、因素分析法、最低成本法、公众评判法等。根据评价对象的具体情况，可采用一种或多种方法进行绩效评价。

工会预算绩效评价工作包括确定绩效评价对象、下达绩效评价通知、确定绩效评价工作人员、制定绩效评价工作方案、收集绩效评价相关资料、对资料进行审查核实、综合分析并形成评价结论、撰写与提交评价报告、建立绩效评价档案等工作程序。

工会预算绩效评价工作可委托专家、中介机构等第三方实施，具体工作由工会财务部门或相关职能部门统一安排，确定绩效评价的项目、绩效目标的提出设定与预算安排同步进行。

工会经费的具体使用单位或部门提交绩效自评报告。实行本级预算管理的工会，实行单位预算管理的工会机关、企事业单位，开展绩效评价并撰写绩效评价报告。绩效自评报告和绩效评价报告的具体格式由全国总工会提供参考模板。

各级工会应当及时整理、归纳、分析、反馈绩效评价结果，并将其作为改进预算管理和安排年度预算的重要依据。对绩效评价结果较好的，本级工会予以表扬或继续支持。对绩效评价发现问题、达不到绩效目标或评价结果较差的，本级工会可予以通报批评，并责令其限期整改。不进行整改或整改不到位的，应当根据情况调整项目或相应削减项目预算，直至取消该预算支出。绩效评价结果应当按照信息公开的有关规定在一定范围内公开。

按照“统一领导、分级管理”的工会财务管理体制开展工会预算绩效评价工作。全国总工会负责设定工会预算支出绩效评价制度，指导省级工会开展绩效评价工作，组织实施本级绩效评价工作。省级工会负责组织实施本地区、本系统和本产业的绩效评价工作。各级工会建立健全预算绩效管理规章制度，完善预算支出绩效评价办法，研究制定预算绩效评价指标体系，推进预算绩效管理信息系统建设，为预算绩效管理提供制度和技术支撑，逐步通过开展工会预算支出绩效考评建立健全绩效目标设定、绩效跟踪、绩效评价及结果运用有机结合的新机制，实现工会经费全过程预算绩效管理。

思考题：

1. 工会经费预算管理的含义、原则和要求是什么？
2. 工会决算管理的内容有哪些？
3. 工会预算绩效管理的要求有哪些？

第四章　工会经费收入和支出管理

第一节　工会经费收入管理

工会经费收入管理是工会财务工作的基础工作，加强工会经费收缴是工会财务工作的首要任务。根据《工会法》和《中国工会章程》的规定，各级工会组织要积极组织收入，努力扩大财源，充实工会财力。随着工会财务改革工作的不断推进，各级工会组织牢牢把握工会经费收缴主体责任，加大经费收缴力度、积极争取财政支持和社会投入、完善工会资产收益制度等举措，多方筹集资金，积极组织收入，切实提高工会财务保障能力。

一、工会经费来源的法律依据

《工会法》第四十三条明确规定了工会经费的五项来源：(一) 工会会员缴纳的会费；(二) 建立工会组织的用人单位按每月全部职工工资总额的百分之二向工会拨缴的经费；(三) 工会所属的企业、事业单位上缴的收入；(四) 人民政府的补助；(五) 其他收入。

《最高人民法院关于产业工会、基层工会是否具备社团法人资格和工会经费集中户可否冻结划拨问题的批复》对工会经费权属问题作出司法解释："工会的经费一经拨交，所有权随之转移。在银行独立开列的'工会经费集中户'，与企业经营资金无关，专门用于工会经费的集中和分配，不能在此账户中开支费用或挪用、转移资金。”“人民法院在审理案件中，不应将工会经费视为所在企业的财产，在企业欠债的情况下，不应冻结、划拨工会经费及‘工会经费集中户’的款项”。

二、工会经费来源内容

（一）工会会员缴纳的会费

会费收入是工会会员依照《工会法》和《中国工会章程》向工会组织缴纳的会费。会员缴纳会费是工会会员应当履行的义务。通过缴纳会费可以提高工会会员的会员意识，激励会员经常参加工会活动，增强工会会员的主人翁责任感；有利于密切工会会员与工会组织之间的联系，增强工会组织的活力，提高工会组织的凝聚力和吸引力；有利于夯实工会组织开展工会活动的财力保障和物质基础，支持工会组织可持续发展。

《中国工会章程》第一条规定：“凡在中国境内的企业、事业单位、机关、社会组织中，以工资收入为主要生活来源或者与用人单位建立劳动关系的劳动者，不分民族、种族、性别、职业、宗教信仰、教育程度，承认工会章程，都可以加入工会为会员。”第四条规定了工会会员履行的义务，其中“（六）遵守工会章程，执行工会决议，参加工会活动，按月交纳会费”。第六条规定：“会员没有正当理由连续六个月不交纳会费、不参加工会组织生活，经教育拒不改正，应当视为自动退会。”上述规定对会员履行交纳会费的义务及重要性作出了明确的表述。

《中华全国总工会关于收交工会会费的通知》中规定，工会会员每月应向工会组织交纳本人每月工资收入的百分之零点五的会费，工资尾数不足十元的不计交会费；学徒工会员，一律按每人每月人民币五分交纳会费；无固定收入的会员，可按本人上月所得工资额计算交纳会费；会员所得的各种奖金、津贴、稿费收入以及按劳动保险条例或其他法令规定所领取的各种补助费、救济费、退休金、退职金等，均不交纳会费。

机关的工会会员“工资收入”具体包括：职务工资、级别工资、基础工资、工龄工资。事业单位的工会会员“工资收入”具体包括：职务工资、等级工资。机关、事业单位的工人会员“工资收入”具体包括：岗位工资、等级工资。机关和事业单位工作人员的各项津贴、补贴、奖金等收入，仍暂不计算交纳会费。

企业等单位的工会会员的工资收入和非工资收入如何区分的问题，可按各用人单位的支付办法掌握处理：只要发给工会会员的是“工资”，而不是发的奖金、津贴或补贴，就应按本人所得工资收入计算交纳会费，具体与当地统计部门联系研究处理。

《中国工会章程》第八条规定，会员离休、退休和失业，可保留会籍。保留会籍期间免交会费。

工会会员有特殊生活困难时，可由本人申请，工会小组讨论，基层或车间工会批准，在一定时期内免缴会费。

基层工会所收的会员会费，按照全国总工会的规定，全部留用于基层工会掌握使用。

工会会员缴纳会费是对工会组织必须履行的一项义务，同时也是保证会员能够享受一定权利的物质基础，基层工会使用会员会费组织会员开展活动时，会费不足部分可以用工会经费弥补。

基层工会组织要建立健全工会会费收缴管理制度，基层工会可根据工会会员需要为其开具“工会经费收入专用收据”，确保工会会费收缴管理依法依规，符合上级工会要求。

做好工会会费的收缴，关键在于提高会员缴纳会费的自觉性和主动性，通过基层工会小组长、分会财务委员积极主动的工作，经常性地向会员进行权利义务教育，提高会员的思想认识，增强组织观念；要定期公布工会会费的使用情况，实行民主理财，听取会员意见，接受会员监督；要把工会会费全部留用于基层，用于直接服务工会会员的项目，维护工会会员的合法权益。基层工会可结合实际采取便捷有效手段，调动小组长和分会财务委员的积极性，做好工会会费的收缴和管理。

（二）建立工会组织的用人单位按每月全部职工工资总额的百分之二向工会拨缴的经费

《工会法》第四十三条明确规定“建立工会组织的用人单位按每月全部职工工资总额的百分之二向工会拨缴的经费”，该项经费是我国工会组织最主要的经费来源，是国家通过法律规定，在国民收入的初次分配中提取部分费用直接拨缴给工会使用。

《工会法》第四十三条还规定：“前款第二项规定的企业、事业单位、社会组织拨缴的经费在税前列支。”

1. 拨缴经费的特征。

拨缴工会经费是国家以立法形式维护工会权益的具体表现，因此，它具有三个显著的特性。

（1）强制性。《工会法》在第四十四条规定：“企业、事业单位、社会组织无正当理由拖延或者拒不拨缴工会经费，基层工会或者上级工会可以向当地人民法院申请支付令；拒不执行支付令的，工会可以依法申请人民法院强制执行。”

（2）无偿性。拨缴工会经费是国家为了支持工会履行社会职能的需要而设立，用人单位的行政方面向工会拨缴经费是无偿的，工会组织不需要偿还，也不需要提供任何服务和产品予以补偿。

（3）固定性。用人单位的行政方面每月按全部职工工资总额的百分之二向工会拨缴经费，这是法律明文规定的，具有长期的法律效力。

2. 拨缴经费的范围和基数。

拨缴工会经费时，其拨缴范围“全部职工”和拨缴基数“工资总额”，应按照国家统计局《关于工资总额组成的规定》和《劳动指标解释》中有关“职工”和“职工工资总额及构成”的规定执行。

职工指在国有经济、城镇集体经济、联营经济、股份制经济、外商和港澳台投资经济、其他经济单位及其附属机构工作，并由其支付工资的各类人员。

（1）职工人数统计的原则：

各基层单位的“全部职工”人数，原则上应按“谁发工资谁统计”的办法进行统计。因此，不论是编制内的还是编制外的人员，不论是出勤的还是因故未出勤的人员，不论是在国内工作的还是在国外工作的人员，不论是正式的还是试用期间的人员，不论是在本单位工作的还是临时借调到外单位工作的人员，只要由本单位支付工资，均应统计为职工。

对于新招收的人员，从其报到参加工作之日起，不论是否发放当月工资，即应统计为本单位职工。对于自然减员、参军（包括参军后原单位仍发给部分生活费或补贴人员）、不带工资上学的人员，从其离开之日起即不再算本单位的职工。对于调往其他单位的人员，从其离开之日起即不再算本单位的职工。对于调往其他单位的人员，如已在原单位领取工资，其期末人数和平均人数均应由原单位进行统计，调入单位从发放工资之月起统计。

各单位中的长期职工与临时职工之和为该单位全部职工，长期职工指用工期限在一年以上（含一年）的职工。包括原固定职工、合同制职工、长期临时工以及国有单位使用的城镇集体所有制单位的人员和其他使用期限在一年以上的原计划外用工。临时职工指用工期限不超过一年的职工。包括各单位根据国家有关规定招用的，签订一年以内的劳动合同或使用期不超过一年的临时性、季节性用工。

建筑公司使用的农民工如果是由本单位直接组织生产并直接支付报酬的，由本单位统计为在岗职工。

需要特别说明的是，在各单位中工作的外方人员和港、澳、台方人员，虽未列入“职工”范围（列入从业人员范围），但在计算拨缴工会经费时，仍应按照有关规定，将这部分人员的工资总额计算在内拨缴工会经费。

（2）工资总额是指各单位在一定时期内直接支付给本单位全部职工的劳动报酬总额。

工资总额的计算应以直接支付给职工的全部劳动报酬为根据。各单位支付给职工的劳动报酬以及其他根据有关规定支付的工资，不论是计入成本的还是不计入成本的，只要是以货币形式支付的，均应列入工资总额的计算范围。

工资总额由下列六个部分组成：计时工资、计件工资、奖金、津贴和补贴、加班加点工资、其他工资。

计时工资是指按计时工资标准（包括地区生活费补贴）和工作时间支付给个人的劳动报酬。包括：对已做工作按计时工资标准支付的工资；实行结构工资制的单位支付给职工的基础工资和职务（岗位）工资；新参加工作职工的见习工资（学徒的生活费）；运动员体育津贴。

计件工资是指对已做工作按计件单价支付的劳动报酬。包括：实行超额累进计件、直接无限计件、限额计件、超定额计件等工资制，按劳动部门或主管部门批准的定额和计件单价支付给个人的工资；按工作任务包干方法支付给个人的工资；按营业额提成或利润提成办法支付给个人的工资。

奖金是指支付给职工的超额劳动报酬和增收节支的劳动报酬。包括：生产奖，节约奖，劳动竞赛奖，机关、事业单位的奖励工资，其他奖金。

津贴和补贴是指为了补偿职工特殊或额外的劳动消耗和因其他特殊原因支付给职工的津贴，以及为了保证职工工资水平不受物价影响而支付给职工的物价补贴。

津贴包括：补偿职工特殊或额外劳动消耗的津贴及岗位性津贴、保健性津贴、技术性津贴、年功性津贴、地区津贴、其他津贴。

补贴包括：为保证职工工资水平不受物价变动影响而支付的各种补贴，如副食品价格补贴（含肉类等价格补贴），粮、油、蔬菜等价格补贴、煤价补贴、房贴、水电贴、房改补贴以及提高煤炭价格后，部分地区实行的民用燃料和照明电价格补贴等。

加班加点工资是指对法定节假日和公休假日工作的职工，以及在正常工作日以外延长工作时间的职工按规定支付的加班工资和加点工资。

其他工资是指其他根据国家规定支付的工资。如附加工资、保留工资以及调整工资补发的上年工资等。

根据国家统计局《关于印发1999年年报劳动统计新增指标解释及问题解答的通知》的规定，单位以各种名义发放的现金和实物，只要属于劳动报酬性质并且现行统计制度未明确规定不统计为工资的，都应作为工资统计。单位从个人工资中直接为其代扣代缴的社会保险费、所得税、住房公积金以及其他各类扣款应计入工资统计。以下属单位的名义给本单位职工发放的现金或实物，无论是否计入本单位财务账目都应统计为本单位职工的工资。以工会的名义发放的现金和实物，除现行制度规定不应计入工资的劳保福利费和劳动保护费项目外，都应计入工资统计。

根据国家统计局《关于印发2002年年报劳动统计新增指标解释及问题解答的通知》的规定，单位为职工缴纳的补充养老保险和补充医疗保险暂不做工资总额统计，其他各种商业性保险其性质为劳动报酬，因此应计入工资统计。由单位给职工个人实报实销的职工个人家庭使用的固定电话话费、职工个人使用的手机费、职工个人购买的服装费（不包括工作服）等各种费用，其实质为岗位津贴或补贴，应计入工资统计。有些地区为不休假的职工发放一定的现金或补贴，其性质为劳动报酬，应计入工资统计。

根据财政部《关于企业加强职工福利费财务管理的通知》的规定，企业为职工提供的交通、住房、通讯待遇，已经实行货币化改革的，按月按标准发放或支付的住房补贴、交通补贴或者车改补贴、通讯补贴，应当纳入职工工资总额。企业给职工发放的节日补助、未统一供餐而按月发放的午餐费补贴，应当纳入工资总额管理。

工资总额不包括的项目：

①根据国务院发布的有关规定颁发的创造发明奖、国家星火奖、自然科学奖、科学技术进步奖和支付的合理化建议和技术改进奖以及支付给运动员在重大体育比赛中的重奖。

②有关劳动保险和职工福利方面的费用。具体有：职工死亡丧葬费及抚恤费、医疗卫生费或公费医疗费用、职工生活困难补助费、集体福利事业补贴、工会文教费、集体福利费、探亲路费等。

③有关离休、退休、退职人员待遇的各项支出。

④支付给聘用或留用的离休、退休人员的各项补贴。

⑤劳动保护的各种支出。

⑥稿费、讲课费及其他专门工作报酬。

⑦出差伙食补助费、误餐补助、调动工作的旅费和安家费。

⑧对自带工具、牲畜来企业工作的职工所支付的工具、牲畜等的补偿费用。

⑨实行租赁经营单位的承租人的风险性补偿收入。

⑩对购买本企业股票和债券的职工所支付的股息（包括股金分红）和利息。

⑪劳动合同制职工解除劳动合同时由企业支付的医疗补助费、生活补助费等。

⑫因录用临时工而在工资以外向提供劳动力单位支付的手续费或管理费。

⑬支付给家庭工人的加工费和按加工订货办法支付给承包单位的发包费用。

⑭支付给参加企业劳动的在校学生的补贴。

⑮计划生育独生子女补贴。

根据国家统计局《关于印发 1998 年年报劳动统计新增指标解释及问题解答的通知》的规定，对于社保、民政部门发放的下岗职工生活费，因其不符合工资总额的定义，故不计入工资总额中。

按工龄一次性发给职工的生活费，即称为“买断工龄工资”，认为其实质是工资的一部分，属于工资总额范畴，应按百分之二的比例计提工会经费。

3. 拨缴工会经费的方式。

当前拨缴工会经费的方式有三种：自主拨缴工会经费、委托税务代收工会经费、财政划拨工会经费。

（1）自主拨缴工会经费。是指由各基层工会所在单位的行政方面每月按照上个月本单位职工工资总额的百分之二，向本级工会拨缴工会经费，并按照《中华全国总工会办公厅关于转发〈国家税务总局关于工会经费企业所得税税前扣除凭据问题的公告〉的通知》，凭工会组织开具的《工会经费收入专用收据》，在企业所得税税前扣除。基层工会收到2%全额经费后，按照上级工会规定的分成比例和流程向上一级工会上缴经费。上一级工会按规定比例留成经费后，逐级上解，直至全国总工会。

（2）委托税务代收工会经费。是指根据有关法律法规，采取由县及县以上总工会委托税务部门向组建工会的用人单位收缴工会经费。2011年，《国家税务总局关于税务机关代收工会经费企业所得税税前扣除凭据问题的公告》明确规定，在委托税务机关代收工会经费的地区，企业拨缴的工会经费，也可凭合法、有效的工会经费代收凭据依法在税前扣除，进一步对委托税务代收工会经费工作加强了指导和规范。

目前在委托税务代收工会经费的方式上，具体做法主要有以下两种形式。

第一种是采取由省总工会来集中对代收工会经费实行管理的模式。首先用人单位在税务部门办理代收信息登记，经税务部门审核通过后，定期向税务部门申报缴纳，税务部门开具《代收工会经费通用缴款书》，用人单位持该缴款书到银行缴纳，银行将工会经费全部划入当地国库的“工会经费汇缴专户”，各级国库逐级收纳、报解进入省级国库的“工会经费汇缴专户”；在经税务、国库和工会对账无误后，再由省国库将工会经费从“工会经费汇缴专户”划转到省总工会在商业银行开设的“工会经费集中户”，最后省总工会根据实际缴纳额度和规定的分成比例，分别将各级应留成部分划转至各级工会在商业银行开设的“工会经费集中户”。

第二种是由省级工会授权所属各级地方工会负责各级工会经费的管理模式。用人单位首先在税务部门办理代收信息登记，经税务部门审核通过后，定期向税务部门申报缴纳，税务部门开具《代收工会经费通用缴款书》，用人单位持该缴款书到银行缴纳，在银行缴纳工会经费并由银行划入当地国库的“工会经费汇缴专户”后，并不需要逐级上解到省级国库中，而是在三方对账无误后，就地划转到同级工会在商业银行开设的“工会经费集中户”，最后由各级地方工会根据全国总工会和省、市工会经费分成比例进行计算，及时上解和返还基层。

根据所在地方委托税务代收的规定，工会经费代收的范围一般包括除财政拨款单位之外企事业单位或其他类型的社会组织。对于全国总工会批准的按产业（系统）管理经费的全国产业工会所属单位，省总工会批准的自管工会经费的省级产业工会的所属单位，以及省总直属企业工会所属的基层单位，依据全国总工会和所在省级工会的相关规定执行。

工会经费代收的比例目前有两种，即“全额代收”和“差额代收”。全额代收是指地方工会委托税务部门按照全部职工工资总额的2%收缴工会经费，然后由地方工会根据全国总工会或省总工会经费分成办法，按下级工会留成比例将工会经费下拨给下级工会，同时也按上解比例将工会经费上解给上级工会；差额代收是地方工会只委托税务部门向用人单位代收应上缴上级工会的工会经费，对于应留成给基层工会的那部分工会经费，则是由工会组织督促用人行政方及时拨付至基层工会。

（3）财政划拨工会经费。是指根据《中华全国总工会、财政部关于财政拨款的行政事业单位计拨工会经费有关问题的通知》关于“各级财政部门要将应由财政负担的工会经费列入财政预算。有条件的地区在推行财政国库管理制度改革时，可考虑根据当地财政部门的规定，对工会经费实行国库集中支付”的规定，将财政预算保障的行政事业单位按照职工工资总额的2%提取的工会经费，统一纳入本级财政预算，并由财政部门采取国库集中支付方式，统一划拨到所在县级以上工会组织。

《中华全国总工会办公厅关于规范建会筹备金收缴管理的通知》明确规定，自上级工会批准筹建工会的次月起，筹建单位每月按全部职工工资总额的2%向上级工会拨缴建会筹备金。实行委托代收建会筹备金的，上级工会应向代收部门提供筹建单位的名称，职工人数、工资总额、建会筹备金等信息。筹建单位凭“工会经费收入专用收据”或合法有效的工会经费代收凭据税前列支。自上级工会批准筹建单位成立工会组织的次月起，单位不再向上级工会上缴建会筹备金，改为按单位所在地方总工会经费收缴办法规定的方式、比例上缴工会经费。上级工会批准筹建单位成立工会之前，上级工会收取的建会筹备金不得按比例分成。自批准成立当月起，上级工会应将扣除工会组建相关支出后的建会筹备金余额，按照全国总工会和所在省级工会的规定比例及时进行分成、解缴，其中属于新组建工会的留成经费必须在两个月内返还到位。

4. 拨缴工会经费的分成比例。

全国总工会规定，按照“统一领导、分级管理”的原则，基层行政方面向工会拨缴的经费，按照分成比例逐级上解形成各级工会的经费来源。

全国总工会对全国各级工会经费分成比例作出了统一规定。

（1）全国工会全年经费收入的95%留在地方（产业）和基层工会，全国总工会本级集中5%。

（2）基层工会的经费留成比例不低于60%。

（3）省级以下各级工会（含基层工会）的经费分成比例，由各省级工会（含铁路、金融、民航产业工会）根据本地区（产业）实际情况自行确定，报全国总工会备案。

2020—2023年，为进一步支持小微企业工会工作，全国总工会出台了对符合条件的小微企业工会实施的工会经费支持政策，对其上缴的经费实行全额返还。

（三）工会所属的企业、事业单位上缴的收入

根据《工会法》和全国总工会制定的《工会预算管理办法》、《基层工会经费收支管理办法》，工会在保证正常的工作、并且经费有结余的前提下，可用部分经费结余或资产开办为职工服务的“三产”或做投资经营。这些工会投资所取得的各项收益，用以弥补工会开展活动的经费不足，是工会经费来源的重要补充。通过工会资产投资形成的收益必须全额纳入预算。

（四）人民政府的补助

依据《工会法》第四十六条的规定，各级人民政府和用人单位应当为工会办公和开展活动，提供必要的设施和活动场所等物质条件。在工会经费不足的情况下，各级人民政府和用人单位的补助是工会经费收入的补充来源。补助主要包括两项：一是给予开展大型活动的补助；二是应由政府开支，或由工会出面代为政府办理的，如基本建设项目、离退休人员费用、对劳动模范的表彰和困难救助的支出等。

（五）其他收入

其他收入主要包括工会变卖财产收入、银行存款利息收入和接受捐助等。其他收入属本级工会所有。

三、工会经费收入分类

根据《工会会计制度》，工会经费收入分为以下八类。

（一）会费收入，是指工会会员依照规定向所在工会组织缴纳的会费。

（二）拨缴经费收入，是指基层单位行政拨缴、下级工会按规定上缴及上级工会按规定转拨的工会经费中归属于本级工会的经费。

（三）上级补助收入，是指本级工会收到的上级工会的各

类补助款项，包括一般性转移支付补助、专项转移支付补助。

（四）政府补助收入，是指县级以上工会收到各级人民政府按照《工会法》和国家的有关规定给予工会的补助款项。包括工会收到财政拨付的离退休人员离退休费和生活补贴、帮扶资金、送温暖经费、疗养事业补助、劳动模范补助、基建、维修及大型活动补助等。不包括财政列入预算并统一划拨的工会经费或建会筹备金。

（五）行政补助收入，是指基层工会取得的所在单位行政方面按照《工会法》和国家的有关规定给予工会的补助款项，包括工会收到行政拨付的劳动竞赛经费、工会开展活动的费用补助等。不包括行政方案按规定向工会拨缴的工会经费。

（六）附属单位上缴收入，是指按照《工会法》和国家有关规定工会取得的工会所属的企业、事业单位上缴的收入。

（七）投资收益，是指按照国家的有关规定工会对外投资取得的损溢。

（八）其他收入，是指工会除上述收入以外的其他各项收入，如资产盘盈、固定资产处置净收入、接受捐赠收入、银行存款利息收入等。

四、加强工会经费收缴管理的重要意义

加强工会经费收缴管理是工会财务工作的“重中之重”，是各级工会组织增强凝聚力、吸引力和影响力的物质保障。自工会经费收缴改革以来，全国总工会先后出台了“一改三策”新举措，改变了传统的经费收缴模式，开创了工会经费收缴的新局面。当前，各级工会要继续深化经费收缴改革，加大依法收缴工会经费的力度，将工会经费的收缴纳入法治化的轨道，维护工会经费收缴制度的严肃性，进一步拓宽工会经费的收缴途径，扩大工会经费收缴覆盖面，提高工会经费收缴效果。

加强工会经费收缴要处理好工会经费收缴的主体问题，牢牢把握工会经费收缴从始至终都是工会组织的责任，防止管理主体的错位。工会经费收缴改革是在现行法律规定和工会财务管理体制的框架内进行的，是《工会法》和《中国工会章程》赋予工会组织的职责，并没有改变工会组织收缴经费的主体地位。采取委托税务机关代收、财政部门划拨工会经费只是一种收缴方式的改变，工会组织特别是基层工会组织要坚决纠正一托了之、坐等入账的错误想法。财政、税务部门对工会经费实行全面代收，必须在保证工会组织收缴主体不变、工会经费管理权不变的前提下开展，各级工会组织在委托税务代收财政划拨的过程中，要加强对收缴工作进行动态管理，随时主动深入基层了解经费收缴过程中存在的问题，对存在的问题加以解决，始终把握经费收缴的主动权，做到依靠而不依赖。各级工会要加强与税务机关、财政部门的协调沟通，认真总结、推广委托税务机关代收、委托财政部门划拨工会经费的成功经验，认真分析存在的问题，采取有效措施，不断扩大财政划拨、税务代收工会经费的覆盖面。

加强工会经费收入管理要持续加大自主收缴的工作力度。省级以下工会要采取措施，理顺经费拨缴关系，明确省级工会自身、产业工会和市级工会经费收缴的范围。省级以下工会要建立工会经费收缴责任制度，逐级落实经费收缴责任。要夯实经费收缴管理基础，完善管理制度，紧密结合基层工会组织建设情况，建立工会经费收缴信息系统，健全缴费单位基础信息库，摸清计缴工会经费的基础数据底数，实行动态管理，及时发现并纠正漏缴、少缴、瞒报行为。要建立完善的奖励和处罚机制，调动经费收缴的积极性，对拒不缴纳经费的单位以法律手段进行维权，保障经费收缴机制的严肃性。要严格工会经费收缴专用票据的管理，加强收据管理信息化建设，定期检查票据使用情况，完善票据开具与经费上缴核查机制，防止截留、挪用工会经费。

五、国家规定由政府、行政承担的费用

各级人民政府和企事业、行政单位为工会开展活动提供必要物质条件是我国的一贯政策。1979 年，国家计委、国家建委、财政部等五部委联合下发了《关于妥善解决各级工会房屋、设备问题的通知》；同年，财政部和全国总工会下发了《关于县以上工会房屋修缮费由各级财政统筹解决的通知》。1985 年，国家计委、财政部、全国总工会联合下发了《关于重申妥善解决各级工会房屋、设备问题的通知》。1986 年，国务院办公厅转发了全国总工会《关于县以上各级工会所需房屋仍由同级政府解决报告的通知》。这些文件都明确规定了各级人民政府应当给予工会组织办公和开展活动提供必要的设施和办公场所，以及对工会开展活动或购置设备、维修房屋等给予补助。同样，基层工会及其所属职工集体文化、福利事业所需房屋设备及其维修和水电取暖等费用，均由同级行政解决。

目前，我国企业的所有制形式虽然呈现多元化状态，企业内部的劳动关系也因此发生了较大变化，但职工群众作为国家主人翁的地位没有改变，工会作为职工合法利益代表者和维护者的身份更加明确，在我国境内生产经营的企业必须遵守我国的法律、法规，履行为工会办公和开展活动提供必要物质条件的义务。各级工会也要积极依法向同级政府及有关部门申请，将《工会法》规定的应由同级政府承担的各项开支落实到位。

（一）工会房屋、设备费用

依据《工会法》第四十六条规定，各级人民政府和用人单位应当为工会办公和开展活动，提供必要的设施和活动场所等物质条件。因此，基层工会办公用房、文艺、体育、教育和服

务等活动场地设施、设备及其维修、水、电、取暖等费用，均由同级行政解决。

（二）工会专职人员费用

企业、事业单位、机关工会委员会的专职工作人员的工资、奖励、补贴，由所在单位支付。他们的社会保险和其他福利等，享受与本单位其他职工的同等待遇。

企业基层工会工作人员的离退休费及退职生活费开支，应与企业其他职工一样，由企业行政方面负责支付，应在营业外列支。

（三）工会开展活动有关费用

1. 工会组织的劳动竞赛、技术交流、技术革新活动所需的奖励费用。

2. 企业光荣榜制作的设备材料费。

3. 企业车间、科室、班组订阅的报刊费。

4. 企业行政主办由工会进行管理的广播站、人员、设备等费用。

5. 由行政方面或委托工会布置的庆祝“五一”国际劳动节、“十一”国庆节及其他重大节日所需的宣传活动费。

6. 行政方面委托工会举办的表彰劳动模范、积极分子及先进生产（工作）者等方面的会议费和奖励费。

7. 基层工会为搞好劳动保护工作所需的费用以及劳动保护宣传教育费。

8. 企业、事业单位召开职工代表大会所需的各项费用。

9. 由工会管理的企业职工困难补助费。

（四）职工教育、疗（休）养活动费用

1. 协助基层单位行政办学的职工教育费。

2. 工会组织劳动模范、先进生产（工作）者休养活动的往返差旅费、住宿费、伙食补助。

3. 工会组织职工疗（休）养活动的费用。

基层工会中不少费用开支，企业、事业行政往往也能开支，工会与行政在一些开支划分上，也很难在全国范围内或全省、全县（市）范围内作统一规定。对此，有些地方工会与行政在开支的划分上，可参考以下原则。

一是需要严格划分的。有关生产奖励、安全保护等生产经营管理方面的开支；有关企业劳动模范、先进工作者会议和职工代表大会的会议费开支；有关企业举办的文化、福利事业，在基建、设施、开办和经常费用方面的开支，均应由行政的专项经费负担。工会代管企业举办的文化设施（如广播站）的投入费用，可由工会适当负担。有关工会建设方面的开支，应由工会负担。

二是属于双方共同负担的。在职工教育方面，行政办学的，应由行政在职工教育经费中开支，不足时，工会也可以适当予以支持；工会办学的，先由工会在所掌握的工会经费中开支，不足时，也可以向行政申请补助。在劳动模范、先进工作者疗休养活动方面，其往返路费、伙食补助和床位费，按规定由其所在单位行政中列支；其活动费、公杂费由组织活动的工会负担。

三是由行政负担为主，但在一定情况下，工会也可以适当开支的。工会开展活动所需的大型设备，按规定应由行政负担，如果行政负担有困难，职工有需要，工会预算可以承担时，也可适当开支。

第二节　工会经费支出管理

工会经费支出管理是工会财务工作通过科学方法和有效手

段实现其物质保证作用，即用好工会经费。掌握工会经费使用原则，严格控制工会经费开支的范围，切实采取用好工会经费的措施，是履行工会财务管理职责的重要任务。目前，各级工会业务性质不同，工会经费支出管理的内容也有所侧重，主要是县级以上工会的工会经费支出管理和基层工会的工会经费支出管理。

一、县级以上工会的工会经费支出管理使用和管理的要求

县级以上工会是指县级以上地方建立地方各级总工会。对于县级以上工会的工会经费使用，要遵照《县级以上工会支出管理暂行办法》的要求执行，中华全国铁路总工会、中国民航工会、中国金融工会根据各自管理体制，明确所属下级工会适用本办法的层级范围，并报全国总工会财务部备案。

（一）县级以上工会的工会经费使用原则

县级以上工会的工会经费支出管理应遵循依法依规、全面预算、聚焦主责、厉行节约、注重绩效的原则。

（二）县级以上工会的工会经费支出范围

县级以上工会的工会经费支出是指县级以上工会为开展工会工作和为职工维权服务所发生的各项支出，包括：本级工会的支出和对下级工会的转移支付；本级工会的支出包括本级工会机关的支出和对本级所属单位的补助支出；对下级工会的转移支付包括一般转移支付和专项转移支付。

本级工会的工会经费支出按照性质分为基本支出和项目支出。基本支出是指为保障机构正常运转、完成日常工作任务所需的人员支出和日常公用支出。项目支出是指为完成特定工作任务所发生的支出。

基本支出预算实行定员定额管理。定员定额标准参照同级

财政部门制定的标准执行。

项目支出预算以项目库为载体实行零基预算管理。县级以上工会应根据全国总工会的有关规定和本级预算管理的实际情况，制定本级预算项目库管理办法，建立本级预算项目库，并视工作需要和当年财力状况，合理安排年度项目预算。

省级工会应按照全国总工会项目预算定额标准体系建设的指导意见，加快本级工会项目预算支出标准体系建设，明确劳动和技能竞赛、“五一”劳动奖表彰等工会特色活动的开支范围、支出标准，并报全国总工会财务部备案。

中央财政专项资金已有明确开支标准的，省级工会制定的同类专项支出预算标准不得高于该支出标准。

县级以上工会可根据全国总工会的有关规定，结合下级工会的财力状况和工作需要，对下级工会给予一般性转移支付和专项转移支付补助。

（三）县级以上工会的工会经费支出预算审批与执行

县级以上工会的工会经费支出预算应按照省级工会制定的工会预算管理实施办法规定的程序报批。预算一经批准，原则上不作调整。因特殊原因确需调整的，应在本级预备费预算中按照规定程序予以安排；预备费不足的，按照预算编制的审批程序履行预算调整报批程序。

县级以上工会应根据国家和全国总工会的有关规定，加强支出预算执行管理，不断提高预算资金使用效益。

县级以上工会要加强对列入预算的本级机关支出的财务审核，严格按照预算批复执行预算，不得擅自扩大支出范围、提高开支标准，不得随意调整预算支出内容。

县级以上工会要加强对本级所属单位预算执行管理，建立预算资金拨付管理制度。根据均衡原则，按时拨付基本支出预算资金；根据项目工作进度，及时拨付项目预算资金。

县级以上工会要加强对转移支付预算执行管理，完善转移支付管理制度，根据预算安排和财力状况，及时拨付或结算转移支付资金。

（四）县级以上工会的工会经费支出监督与评价

县级以上工会应加强内部控制建设，完善内部控制制度，强化对项目立项、预算编制、预算执行、转移支付资金拨付等重点环节的内部控制，确保预算资金安全有效使用。

县级以上工会应全面实施预算绩效管理，加强预算支出绩效目标管理，强化预算执行过程中绩效目标完成情况的动态监控，以项目预算绩效评价为基础，逐步开展所属单位整体预算绩效评价，完善绩效评价结果与预算安排挂钩工作机制。

县级以上工会应按照“统一领导、分级负责”的原则，健全财务监督工作机制，加强对本级机关和所属单位及下一级工会的财务监督，并主动配合国家审计、上一级经费审查机构做好审计监督工作。

使用预算资金的各级各类单位应积极配合监督机构做好财务监督工作，为财务监督工作提供必要的办公条件和工作保障。

财务监督发现的违规违纪违法行为，情节较轻的，责令限期改正，或建议有关部门进行组织处理；涉嫌违纪违法的，移交纪检监察机关处理；涉嫌犯罪的，移送司法机关查处。

二、基层工会的工会经费支出管理使用和管理的要求

基层工会是指企业、事业单位、机关和其他社会组织单独或联合建立的基层工会委员会。对于基层工会的工会经费使用，要严格按照《基层工会经费收支管理办法》的要求开支，确保经费使用合法合规，切实增强基层工会工作的保障水平。

基层工会要认真贯彻落实中央八项规定精神，发扬艰苦奋斗、勤俭节约的优良传统，切实加强工会经费收支管理，坚决

制止奢侈浪费，合理有效地使用资金，坚持工会经费为工会工作和职工群众服务的方向，让工会经费真正惠及职工群众和工会会员。

（一）基层工会的工会经费使用原则

基层工会的工会经费使用应遵循遵纪守法、经费独立原则，预算管理原则，服务职工、勤俭节约、民主管理原则。

（二）基层工会的工会经费支出范围

基层工会的工会经费支出范围包括：职工活动支出、维权支出、业务支出、资本性支出、事业支出与其他支出。根据《工会法》的有关规定，基层工会专职工作人员的工资、奖励、补贴由所在单位承担，基层工会办公和开展活动必要的设施和活动场所等物质条件由所在单位提供。所在单位保障不足且基层工会经费预算足以保证的前提下，可以用工会经费适当弥补。

根据中央八项规定精神的要求，结合工会工作实际，全国总工会明确规定基层工会不准将工会经费用于服务职工群众和开展工会活动以外的开支。（1）不准使用工会经费购买各种商业预付卡、购物卡、电子礼品卡、消费券及搞请客送礼等活动。（2）不准违反工会经费使用规定，滥发津贴、补贴、奖金。（3）不准使用工会经费支付国家明令禁止的高消费性娱乐和健身活动。（4）不准单位行政利用工会账户，违规设立“小金库”。（5）不准将工会账户并入单位行政账户，使工会经费开支失去控制。（6）不准截留、挪用工会经费。（7）不准用工会经费参与非法集资活动，或为非法集资活动提供经济担保。（8）不准用工会经费报销与工会活动无关的费用。

（三）基层工会财务管理

基层工会组织要加强财务管理制度建设，健全完善财务报销、资产管理、资金使用等内部管理制度。基层工会主席对基层工会会计工作和会计资料的真实性、完整性负责。基层工会应严格控制工会经费收支，各项收支实行工会委员会集体领导下的主席负责制，重大收支须由集体研究决定。

基层工会组织要根据自身实际科学设置会计机构、合理配备会计人员，真实、完整、准确、及时的反映工会经费收支情况和财务管理状况。具备条件的基层工会，应当设置会计机构或在有关机构中设置专职会计人员；不具备条件的，应当委托本单位财务部门或经批准设立从事会计代理记账业务的中介机构代理记账或聘请兼职会计人员，也可委托乡镇（街道）、开发区（工业园区）工会设立的工会财务结算中心代管。

做好基层工会经费收支管理要求基层工会根据国家和全国总工会的有关政策规定以及上级工会的要求，制定年度工会工作计划，依法、真实、完整、合理的编制工会经费年度预算，依法履行必要程序后报上级工会批准。严禁无预算、超预算使用工会经费。年度预算原则上一年调整一次，调整预算的编制审批程序与预算编制审批程序一致。根据批准的年度预算，积极组织各项收入，合理安排各项支出，并严格按照《工会会计制度》的要求，科学设立和登记会计账簿，准确办理经费收支核算，定期向工会委员会、会员大会、会员代表大会或经审会报告预算执行情况。基层工会经费年度财务决算须报上级工会审批。

基层工会要加强对本单位工会经费使用情况的内部会计监督和工会预算执行情况的审查审计监督，依法接受并主动配合国家审计监督。内部会计监督主要对原始凭证的真实性合法性、会计账簿与财务报告的准确性及时性、财产物资的安全性完整性进行监督，以维护财经纪律的严肃性。审查审计监督主要对单位财务收支情况和预算执行情况进行审查监督。

三、坚持工会经费向乡镇（街道）、开发区（工业园区）工会和基层工会倾斜的原则

2014年，全国总工会下发《关于新形势下加强基层工会建设的意见》、《关于加强基层工会经费收支管理的通知》等一系列文件，并将2015年确定为基层工会建设“落实年”。2016年7月6日，全国总工会下发《中华全国总工会办公厅印发〈关于加大对乡镇（街道）、开发区（工业园区）工会和基层工会经费支持力度的若干规定〉的通知》，从制度、原则和财务管理等方面，对加大工会经费向乡镇（街道）、开发区（工业园区）工会和基层工会的倾斜力度作了更进一步的明确。

（一）从经费留成比例上作出规定，明确乡镇（街道）、开发区（工业园区）工会和基层工会的经费留成比例

1. 全国工会经费全年收入的95%留在地方和基层工会；全国总工会本级集中5%。

2. 基层工会的经费分成比例不低于60%。现低于60%的，一律调整为60%。

3. 各省级工会按照省级以下各级工会经费分成比例由省级工会确定的原则，明确所辖乡镇（街道）、开发区（工业园区）工会的经费分成比例，报全国总工会备案。

这样对全国各级工会的经费留成比例都作了统一规定，对乡镇（街道）、开发区（工业园区）工会和基层工会经费留成比例进行了原则性规定。全国建立工会组织的企业、事业单位、机关按全部职工工资总额的2%向工会拨缴的经费，按100%划分，全国总工会分成5%，基层工会分成不低于60%。中间各级工会，一般为三级，包括省级、市级、县级工会。乡镇（街道）、开发区（工业园区）工会包括在中间三级工会之中，也要有相应的经费留成比例。从经费源头、制度、比例上把握和

定向，是对乡镇（街道）、开发区（工业园区）工会和基层工会的经费支持的最根本保证。

（二）全国总工会对各级工会的具体做法提出要求，坚持工会经费使用进一步向乡镇（街道）、开发区（工业园区）工会和基层工会倾斜

1. 全国总工会本级工会经费全年收入的70%用于对下级工会的补助，通过经费补助实行项目化管理，把其中大部分资金，经省级工会转拨补助到乡镇（街道）、开发区（工业园区）工会和基层工会。

2. 全国总工会每年从对下补助（不低于补助总额的10%）经费中，安排专项资金用于乡镇（街道）、开发区（工业园区）工会的工作经费。此款项经全国总工会拨付各省级工会后，由各省级工会安排所辖乡镇（街道）、开发区（工业园区）工会专款专用。

3. 省级和市县工会要加大对乡镇（街道）、开发区（工业园区）工会和基层工会的经费投入力度，要在年度本级经费预算中通过转移支付、项目化管理及定额补助等方式，将工会经费向乡镇（街道）、开发区（工业园区）工会和基层工会倾斜，把更多的经费直接用于普通职工群众。

4. 省级工会要按照《中华全国总工会关于新形势下加强基层工会建设的意见》中关于“有条件的地方可以由上级工会向基层工会兼职工会干部发放补贴”的规定，制定实施细则，对兼职工会干部发放补贴。要落实《全国总工会办公厅关于加大乡镇（街道）、开发区（工业园区）工会和基层工会经费支持力度的若干规定》中关于“县以上工会要在年度本级经费预算中安排专项资金，解决乡镇（街道）、开发区（工业园区）工会聘用社会化工会工作者的经费问题”的规定。

这样，省级工会对基层工会兼职工会干部补贴，对乡镇

（街道）、开发区（工业园区）工会聘用社会化工会工作者开展工会工作的经费，从政策方面作出了明确规定，既落实了补助事项，又制定了具体实施细则，解决了基层工会经费问题，摆脱一些基层工会“无钱办事”、“无地办公”的困难。

思考题：

1. 如何加强工会经费收入管理？
2. 工会经费开支范围包括哪些？
3. 基层工会经费使用原则有哪些？

第五章　工会会计管理

第一节　工会经费独立核算

为了加强工会经费管理，认真做好工会经费独立核算工作，根据《工会法》和中国人民银行的有关规定，各级工会必须单独开立银行账户，独立核算。

一、取得社会团体法人资格

工会依法取得社会团体法人资格，是单独开立银行账户的依据。根据《工会法》第十五条关于“中华全国总工会、地方总工会、产业工会具有社会团体法人资格。基层工会组织具备民法典规定的法人条件的，依法取得社会团体法人资格”的规定，以及《最高人民法院关于产业工会、基层工会是否具备社团法人资格和工会经费集中户可否冻结划拨问题的批复》中关于“产业工会社团法人资格的取得是由工会法直接规定的，依法不需要办理法人登记”的规定，各企业、行政事业等单位的基层工会应当按照全国总工会《基层工会法人资格登记办法》的要求，取得工会法人资格证书。产业工会办理银行账户开户手续过程中，确需提供工会法人证书的，可以向所在地地市级以上工会领取工会法人证书。

二、单独开立账户

工会组织凭借工会法人资格证书办理银行账户开户手续，单独开户，并以此独立账户作为实行工会经费独立核算的基础。根据《工会法》第四十五条关于“工会应当根据经费独立原则，建立预算、决算和经费审查监督制度”和第四十七条关于“工会的财产、经费和国家拨给工会使用的不动产，任何组织和个人不得侵占、挪用和任意调拨”的规定，各基层工会应当根据经费独立原则，单独开户，独立进行核算。中国人民银行下发的《关于规范人民币银行结算账户管理有关问题的通知》明确规定了各级工会组织凭社团法人登记证书开立基本存款账户。

三、独立核算

（一）工会经费应当独立进行核算。各级工会要根据《关于规范人民币银行结算账户管理有关问题的通知》、《中华全国总工会办公厅关于依法做好工会经费独立核算工作的通知》和《全国总工会办公厅关于依法做好工会经费独立核算工作的通知》的规定，督促所属各级工会，包括产业工会和各企业、行政事业等单位的基层工会依法取得工会法人资格证书，凭证书办理银行账户开户手续，实现工会经费独立核算。不允许与本单位机关财务或党团等其他组织财务合并账户集中核算，也不允许将工会财务纳入当地会计结算中心管理。凡已经合并或纳入的，应当予以纠正。

（二）不具备条件的处理方式。依据《加强和规范乡镇（街道）、开发区（工业园区）工会经费管理的通知》、《中华全国总工会关于加强工会财务管理、资产监督管理和经费审查审计监督的意见》、中华全国总工会办公厅印发《关于加大对乡镇（街道）、开发区（工业园区）工会和基层工会经费支持力度的若干规定》的通知等文件的规定，对尚不具备独立核算条件的乡镇（街道）、开发区（工业园区）工会，可实行由县级工会财务集中管理、分户核算的“上代下”会计核算模式，或者可建立乡镇（街道）、开发区（工业园区）工会会计核算中心，实行集中核算，分户管理。尚不具备独立核算条件的基层工会，应当委托经批准设立从事会计代理记账业务的机构代理记账或者其他符合国家规定的办法。

第二节　工会会计制度介绍

一、《工会会计制度》颁布的意义

2009 年 5 月 31 日，财政部印发了《工会会计制度》，于 2010 年 1 月 1 日起执行。随着我国工会事业的蓬勃发展，工会财务改革向深度和广度持续推进，工会财务管理体制发生较大变化，有必要对《工会会计制度》进行全面修订。2021 年 4 月 14 日，财政部印发了修订的《工会会计制度》，于 2022 年 1 月 1 日起施行，新会计制度的颁布具有十分重大的意义。

一是与工会有关规章制度相协调，服务工会财务管理的需要。近年来，全国总工会先后修订或制定了多项涉及工会经费收支管理、工会预决算管理等的制度办法。2017 年印发《基层工会经费收支管理办法》；2019 年印发《工会预算管理办法》；2020 年印发《工会预算稳定调节基金管理暂行办法》和《基层工会预算管理办法》这些制度办法对工会会计核算提出了新要求。因此，需要对《工会会计制度》科目设置等方面的有关规定进行修订，以便与相关制度办法相协调，与现有财务管理体系相衔接。

二是满足新形势下工会财务工作新需要，提高工会会计信息质量的需要。随着经济社会的持续发展以及新业务的出现，现行制度在一些方面不能满足工会会计核算的需要。如“工会+互联网”新形势下，信息化网络建设中购置和开发形成的信息软件等无形资产无法核算；资产不计提折旧，资产价值无法得到真实反映；基本建设项目未纳入大账，会计信息完整性有待提高；支出科目核算工会会计制度讲解内容表述较为笼统，在一定程度上缺乏实务指导性等。因此，需要对有关工会业务的会计处理进一步补充或明确，以提高《工会会计制度》的适用性。

三是规范财政拨款核算，提高财政拨款决算报告质量的需要。按照《工会法》规定，工会的经费来源包括人民政府的补助。近年来，各级人民政府财政部门每年可安排财政资金预算用于支持和保障同级工会的重点工作，工会组织需要就财政拨款的使用向财政部门提供决算信息。现行制度未能将财政拨款和其他工会经费的使用作出明确区分，支出科目体系也未与政府收支分类科目相衔接，财政拨款决算报告编制难度较大，准确性有待提高。因此，需要更准确地核算财政拨款的收支结余情况，提高财政拨款决算报告质量。

四是突出工会工作特色，满足各级工会不同业务特点的需要。截至目前，全国工会组织中99%以上均为基层工会。基层工会业务简单，多为基本的收支管理，应该在不影响会计信息质量的前提下，简化基层工会会计科目和报表，以适应基层工会实际情况，切实减轻基层会计人员负担。而县级以上工会业务相对复杂，兼具组织收入、平衡不同预算年度收支的职能，具有较高的财务管理要求，需要对相关会计处理进行补充和完善。

二、《工会会计制度》的特点

一是依法依规。以《会计法》、《工会法》为依据，充分考虑工会预决算管理、资产管理、工会经费管理等制度规定，与工会现有财务管理规章制度相协调。

二是问题导向。着力解决工会会计核算中存在的不能满足实际需要的问题和新需求产生的问题，满足新时期下工会预决算管理、资金管理、资产管理等需要。同时，充分考虑工会财政拨款核算与政府部门信息需求的衔接，满足财政拨款决算报告编制需要。

三是继承发展。立足《工会会计制度》执行情况和工会财务管理现状，充分继承原制度中合理的内容，适当借鉴政府会计准则制度的相关改革理念，根据工会改革发展需要进行修改和完善，确保新修订的《工会会计制度》既能满足改革需要，又能平稳过渡、稳步实施。

四是务实简化。工会管理层级复杂，99%以上为业务简单的基层工会。在满足管理需求的前提下，考虑基层工会会计工作实际，对基层工会会计处理和报表进行简化，力求在科目设置上做到简单易行、方便操作。

三、《工会会计制度》的总体框架

各级工会组织依据《工会会计制度》进行核算。《工会会计制度》的总体框架概括为以下几点：

1. 工会会计要素包括：资产、负债、净资产、收入和支出。其平衡公式为：资产=负债+净资产。

2. 工会会计核算的基础是收付实现制和权责发生制相结合。具体是说会计处理一般采用收付实现制，部分经济业务或者事项应当按照本制度的规定采用权责发生制。

3. 工会会计核算要求会计信息具有相关性、客观性、明晰性、可比性、重要性、及时性，并要求对指定用途的资金按规定的用途专款专用。

4.《工会会计制度》的体例一贯采用制度原文加附录的体例。目前执行的《工会会计制度》原文九章六十六条，包括总则、一般原则、资产、负债、净资产、收入、支出、财务报表和附则；附录一为工会会计科目和财务报表，附录二为工会固定资产折旧年限表。

5.《工会会计制度》的相关科目中有专门适用于基层工会的会计科目和专门适用于县级以上工会的科目。一般的基层工会可以使用24个科目的核算体系进行会计核算；县级以上工会组织采用45个科目体系进行会计核算。

四、关于工会资产

（一）工会资产的概念和内容

工会的资产是过去的经济业务或者事项形成的，由工会控制的，预期能够产生服务潜力或者带来经济利益流入的经济资源。主要包括流动资产、投资、固定资产、累计折旧、无形资产、累计摊销以及长期待摊费用等，具体包含以下内容。

1. 流动资产。

流动资产是指预计在一年内（含一年）变现或者耗用的资产。其主要包括货币资金、应收款项、库存物品等。(1) 货币资金包括库存现金、银行存款等。(2) 应收款项包括应收上级经费、应收下级经费、其他应收款等。应收上级经费是工会应收未收的上级工会应拨付（或划转）工会经费和补助，包括应收上级补助、应收上级转拨经费、应收建会筹备金。应收下级经费是本级工会应收下级工会的上缴经费，包含建会筹备金。其他应收款是工会除应收上下级经费以外的其他应收及暂付款项。(3) 库存物品指工会取得的将在日常活动中耗用的材料、物品及达不到固定资产标准的工具、器具等。(4) 已实行国库集中收付的地区，工会的流动资产还包括零余额账户用款额度和财政应返还额度。

2. 投资。

投资是指工会按照国家有关法律、行政法规和工会的相关规定，以货币资金、实物资产等方式向其他单位的投资。投资按其流动性分为短期投资和长期投资；按其性质分为股权投资、债权投资等。

3. 固定资产和累计折旧。

固定资产是指工会使用年限超过 1 年（不含 1 年），单位价值在规定标准以上，并在使用过程中基本保持原有物质形态的资产。工会固定资产一般分为六类：房屋及构筑物；专用设备；通用设备；文物和陈列品；图书、档案；家具、用具、装具及动植物。单位价值虽未达到规定标准，但是使用时间在 1 年以上的大批同类物资，按固定资产管理。

折旧是指在固定资产的预计使用年限内，按照确定的方法对应计的折旧额进行系统分摊。工会应当对固定资产计提折旧，但文物和陈列品，动植物，图书、档案，单独计价入账的土地和以名义金额计量的固定资产除外。工会应当设置“累计折旧”科目，核算工会对使用年限有限的固定资产计提的累计折旧。工会资产的折旧方法采用直线法。工会应当根据相关规定以及固定资产的性质和使用情况，合理确定固定资产的使用年限。固定资产的使用年限一经确定，不得随意变更。

4. 无形资产和累计摊销。

无形资产是指工会控制的没有实物形态的可辨认非货币性资产，包括专利权、商标权、著作权、土地使用权、非专利技术等，工会购入的不构成相关硬件不可缺少组成部分的应用软件，应当确认为无形资产。

摊销是指在无形资产使用年限内，按照确定的方法对应摊销金额进行系统分摊。工会应当设置“累计摊销”科目，核算工会对使用年限有限的无形资产计提的累计摊销。工会应当按月对无形资产进行摊销，使用年限不确定的、以名义金额计量的无形资产除外。

5. 长期待摊费用。

长期待摊费用是工会已经支出，但应由本期和以后各期负担的分摊期限在1年以上（不含1年）的各项支出，如对以经营租赁方式租入的固定资产的改良支出等。长期待摊费用应当在对应资产的受益年限内平均摊销。如果某项长期待摊费用已经不能使单位受益，应当将其摊余金额一次性转销。

（二）工会资产的特征

工会资产通过多种渠道形成并受国家法律保护，由工会享有所有权（拥有占有、使用、收益和处分权）的动产与不动产，是工会组织发展壮大的重要条件，是工会开展活动的物质基础，也是工会成为社团法人的重要条件。它具有以下特征：

1. 受国家法律保护。

《工会法》第四十六条、第四十七条规定：各级人民政府和用人单位应当为工会办公和开展活动，提供必要的设施和活动场所等物质条件。工会的财产、经费和国家拨给工会使用的不动产，任何组织和个人不得侵占、挪用和任意调拨。《民法典》和《工会法》的有关规定是界定工会资产性质的准则。《民法典》的第二编第二分编“所有权”的有关条款，明确地提出了财产所有权的内容、财产所有权的转移、财产所有权的类别以及对社团财产的保护等问题，是界定工会资产性质的法律根据。除此之外，政府部门与工会联合发布的行政法规也是应当遵循的法律文件。

2. 多种渠道形成。

《工会法》第四十三条规定，工会经费的来源有五个方面：(1) 工会会员缴纳的会费；(2) 建立工会组织的用人单位按每月全部职工工资总额的百分之二向工会拨缴的经费；(3) 工会所属的企业、事业单位上缴的收入；(4) 人民政府的补助；(5) 其他收入。以上由多渠道形成的资产，工会拥有所有权，不论是会员缴纳的会费，还是企业事业单位拨缴的经费以及人民政府的补助，汇合起来成为一个整体，不再划分是会员缴纳的会费或企业事业单位拨缴的经费，而由工会统一使用与支配。

3. 具有公益性、服务性。

工会的资产是为广大职工服务的，从事的是非营利性的活动，当然也有一部分是属于经营性的，工会要争取有更多的资金为职工服务，必然要利用有限的资源，举办一些营利性的企业、事业，以弥补经费的不足。

五、关于工会负债

(一) 负债的概念和内容

负债是指工会过去的经济业务或者事项形成的，预期会导致经济资源流出的现时义务。它代表着工会的偿债责任和债权人对工会的权益，包括应付职工薪酬、应付款项、代管经费等。

1. 应付职工薪酬是工会按照国家有关规定应付给本单位职工及为职工支付的各种薪酬，包括基本工资、国家统一规定的津贴补贴、规范津贴补贴（绩效工资）、改革性补贴、社会保险费（如职工基本养老保险费、职业年金、基本医疗保险费等）和住房公积金等。

2. 应付款项包括应付上级经费、应付下级经费、其他应付款。其中，应付上级经费指本级工会按规定应上缴上级工会的工会拨缴经费。应付下级经费指本级工会应付下级工会的各项补助以及应转拨下级工会的工会拨缴经费。其他应付款指除应付上下级经费之外的其他应付及暂存款项，包括工会按规定收取的下级工会的建会筹备金、应支付的税金等。

3. 代管经费是指其他组织委托工会代管的有指定用途的、不属于工会收入的资金，如代管的社团活动费、职工互助保险等。

（二）工会负债的主要特征

工会负债是工会须承担的清偿责任，清偿的预期将导致工会资产的减少。工会的计划和承诺、将在未来发生的事项，不形成负债。

工会只能将属于本级工会的经费计入收入，属于上级和下级的经费作为应付上级经费和应付下级经费处理，真实反映各级工会在经费收缴上的权属关系。

按照《工会法》的规定，工会经费管理制度由全国总工会制定，工会经费具有独立管理的性质。工会财务管理体制遵循“统一领导、分级管理”的原则，分为五级经费管理单位：全国总工会、省级工会、市级工会、县级工会、基层工会，具备条件的可以增设乡镇一级工会。工会经费主要来源于建立工会组织的用人单位按每月全部职工工资总额的百分之二向工会拨缴的经费，要按照全国总工会、省总工会的规定，确定分成比例，自下而上，或自上而下，上缴或返拨，不得挪用或截留。

六、关于工会净资产

（一）工会净资产的概念

工会的净资产是指工会的资产减去负债后的余额，它表明工会组织的资产总额在抵偿了一切现存义务之后的那部分差额。

相当于《企业会计准则》中“所有者权益”。用公式可表示为：资产-负债=净资产。

净资产主要来自企事业单位依法无偿拨缴的经费、会员上缴的会费和其他方面来源的资金。这些经费和其他方面来源的资金虽无须偿还，也没有获取经济利益的要求，但资金提供者十分关心所提供经费和资金的使用情况，以及这些资金和形成的资产所产生的效果。所以，提供净资产增减变动情况的信息也是工会组织会计核算的重要任务之一。

（二）净资产的内容

工会净资产按其核算的内容包括资产基金、专用基金、工会资金结转、工会资金结余、财政拨款结转、财政拨款结余和预算稳定调节基金。

1. 资产基金是指工会库存物品、固定资产、在建工程、无形资产、投资和长期待摊费用等非货币性资产在净资产中占用的金额。

2. 专用基金是指县级以上工会按规定依法提取和使用的有专门用途的基金。工会提取专用基金时，应当按照实际提取金额计入当期支出；使用专用基金时，应当按照实际支出金额冲减专用基金余额；专用基金未使用的余额，可以滚存下一年度使用。

3. 工会资金结转是指工会预算安排项目的支出年终尚未执行完毕或者因故未执行，且下年需要按原用途继续使用的工会资金。

4. 工会资金结余是指工会年度预算执行终了，预算收入实际完成数扣除预算支出和工会结转资金后剩余的工会资金。

5. 财政拨款结转是指县级以上工会预算安排项目的支出年终尚未执行完毕或者因故未执行，且下年需要按原用途继续使用的财政拨款资金。

6. 财政拨款结余是指县级以上工会年度预算执行终了，预算收入实际完成数扣除预算支出和财政拨款结转资金后剩余的财政拨款资金。

7. 预算稳定调节基金是指县级以上工会为平衡年度预算按规定设置的储备性资金。

七、关于工会收入

（一）工会收入的概念和特点

工会的收入是指工会根据《工会法》以及有关政策规定开展业务活动所取得的非偿还性资金。工会收入具有以下几个特点。

1. 工会收入是依法取得的。工会取得的各项收入应符合《工会法》及有关法规政策的规定。

2. 工会收入由多种渠道形成。《工会法》第四十三条规定工会经费的来源包括：工会会员缴纳的会费；建立工会组织的用人单位按每月全部职工工资总额的百分之二向工会拨缴的经费；工会所属的企事业单位上缴的收入；人民政府的补助；其他收入。

3. 工会收入具有非偿还性。工会收入是工会取得的非偿还性资金，这一特征将工会收入与工会的各种借入款进行了区分。

4. 工会收入能够引起工会净资产的增加。工会收入能够增加资产或减少负债，最终引起工会净资产的增加。

（二）工会收入的分类

收入按照来源分为会费收入、拨缴经费收入、上级补助收入、政府补助收入、行政补助收入、附属单位上缴收入、投资收益和其他收入。

1. 会费收入指工会会员依照规定向基层工会缴纳的会费。

2. 拨缴经费收入指基层单位行政拨缴、下级工会按规定上缴及上级工会按规定转拨的工会拨缴经费中归属于本级工会的经费。

3. 上级补助收入指本级工会收到的上级工会补助的款项，包括一般性转移支付补助和专项转移支付补助。

4. 政府补助收入指各级人民政府按照《工会法》和国家有关规定给予县级以上工会的补助款项。

5. 行政补助收入指基层工会取得的所在单位行政方面按照《工会法》和国家有关规定给予工会的补助款项。

6. 附属单位上缴收入指工会所属的企事业单位按规定上缴的收入。

7. 投资收益指工会对外投资发生的损溢。

8. 其他收入指工会除会费收入、拨缴经费收入、上级补助收入、政府补助收入、行政补助收入、附属单位上缴收入和投资收益之外的各项收入。

这里需要注意的是，对于基层工会来说，一般是没有政府补助收入和附属单位上缴收入和投资收益的，因此，基层工会的收入一般只剩下五种来源，即会费收入、拨缴经费收入、上级补助收入、行政补助收入和其他收入。

（三）收入的核算基础和入账金额

1. 收入的核算基础。工会确认各项收入，应当以收付实现制为基础、权责发生制为补充。收付实现制是以款项的实际收付为标准来处理经济业务，确认本期收入和支出的会计核算基础。在收付实现制基础下，凡在本期实际支付的款项，不论其付款义务是否归属于本期，均应作为本期支出处理；凡在本期实际收到的款项，不论其是否属于本期，均应作为本期收入处理。权责发生制是以应收应付作为标准来处理经济业务，确认本期收入和费用的会计核算基础。在权责发生制的基础下，凡属本期应计的收入，不管是否实际收到款项，均作为本期的收入处理；凡属本期应负担的费用，不管是否实际付出款项，都作为本期的费用处理。

各项工会收入的确认，主要以收付实现制为基础，但对个别事项或以特殊支付方式取得的收入，应以权责发生制作为补充确认基础。例如，对于拨缴经费收入，工会可以根据下级工会应上缴经费的报告数和上级工会应转拨经费的通知数中归属于本级工会的经费及建会筹备金数额确认收入。又如，对于上级补助收入，工会可以根据上级工会已确定的应付未付的各项补助经费的通知数，确认本级工会有关收入。再如，对于以国库集中支付方式取得的政府补助，其年终结余资金应按照权责发生制确认财政应返还额度，并确认本年度的政府补助收入。

2. 收入的入账金额。工会各项收入应当按照实际发生额入账。

八、关于工会支出核算

（一）工会支出的概念和特点

工会的支出是指工会为开展各项工作和活动所发生的各项资金耗费和损失。

工会支出具有以下特点：一是工会支出必须严格遵循有关法律法规制度的规定。《工会法》明确规定，工会经费主要用于职工服务和工会活动。工会经费的具体使用应当遵循中华全国总工会制定的各项管理办法。二是工会支出能够引起工会净资产的减少。工会支出能够引起资产的减少或负债的增加，最终引起工会净资产的减少。

（二）工会支出的分类

工会支出的分类有两种：功能分类和经济分类。功能分类和经济分类结合使用，可以进一步细化对支出的分析，为评估和改进工会工作提供详细信息。

1. 支出的功能分类。支出功能分类反映工会做了什么。工会支出按照功能分为职工活动支出、职工活动组织支出、职工服务支出、维权支出、业务支出、行政支出、资本性支出、补助下级支出、对附属单位的支出与其他支出。县级以上工会和基层工会可以根据实际情况，按照会计制度规定的核算体系和要求进行具体核算。

（1）职工活动支出。职工活动支出指基层工会开展职工教育活动、文体活动、宣传活动、劳动模范疗休养活动、会员活动等发生的支出。

（2）职工活动组织支出。职工活动组织支出指县级以上工会组织开展职工教育活动、文体活动、宣传活动和劳动模范疗休养活动等发生的支出。

（3）职工服务支出。职工服务支出指工会开展职工劳动和技能竞赛活动、职工创新活动、建家活动、职工书屋、职工互助保障、心理咨询等工作发生的支出。

（4）维权支出。维权支出指工会组织和开展用于维护职工权益的支出。

（5）业务支出。业务支出指工会培训工会干部、加强自身建设及开展业务工作发生的各项支出。

（6）行政支出。行政支出指县级以上工会为行政管理、后勤保障等发生的各项日常支出。

（7）资本性支出。资本性支出指工会从事建设工程、设备工具购置、大型修缮和信息网络购建等发生的实际支出。

（8）补助下级支出。补助下级支出指县级以上工会为解决下级工会经费不足或根据有关规定给予下级工会的各类补助款项。

（9）对附属单位的支出。对附属单位的支出指工会按规定对所属企事业单位的补助。

（10）其他支出。其他支出指工会除职工活动支出、职工活动组织支出、职工服务支出、维权支出、业务支出、行政支出、资本性支出、补助下级支出和对附属单位的支出以外的各项支出。

2. 支出的经济分类。支出的经济分类反映工会支出的经济性质和具体用途。按照《工会会计制度》的规定，工会支出会计科目的设置体现了支出的功能分类，各类支出根据支出的实际情况再设置经济分类进行核算，体现经济业务的实质。例如，用于职工活动的支出中的职工教育方面，具体是用在培训费、会议费，还是劳务费等。又如，用于本级工会行政方面的支出的商品服务支出，具体是用在了办公费，还是差旅费等。经济分类的具体科目设置可以参照《政府部门支出经济分类科目》设定。

（三）支出的核算基础和入账金额

1. 支出的核算基础。各项工会支出的确认，主要以收付实现制为基础，但对个别事项的处理，采用权责发生制作为补充确认基础。例如，计提权益保障金，根据计提数确认当期支出。又如，年末清算对于补助下级支出，工会可以根据已确定的应付未付的各项补助经费的通知数，确认本级工会有关支出。

2. 支出的入账金额。工会的各项支出应当按照实际发生额入账。

九、工会会计报表和编制要求

（一）工会会计报表概念

工会会计报表是反映各级工会财务状况、业务活动和预算执行结果的书面文件。工会会计报表是各级工会领导、上级工会及其他财务报表使用者了解情况、掌握政策、指导工作的重要资料。《工会会计制度》要求工会会计处理应当划分会计期间、分期结算账目和编制会计报表。工会财务报表包括会计报表和附注。会计报表分为主表和附表，主表包括资产负债表和收入支出表，附表包括财政拨款收入支出表、国有资产情况表和成本费用表。

会计期间至少分为年度和月度。会计年度、月度等会计期间的起讫日期采用公历日期。会计年度自 1 月 1 日到 12 月 31 日。

（二）工会会计报表的编制要求

编制会计报表要做到数字准确、内容完整、报送及时。会计报表是根据登记完整、核对无误的账簿记录和其他有关资料编制的。会计报表必须经会计主管人员和单位负责人审阅签章并加盖公章后，按照规定期限定期上报。

1. 数字准确。要求会计报表如实反映财务状况，数字真实可靠。在编制报表之前本期发生的所有账务必须全部登记入账，并以账簿记录为依据编制，不能以预算数代替实际数，不能弄虚作假、隐瞒谎报。

2. 内容完整。会计报表是一套完整的指标体系。报表内容要严格按财政部制订的《工会会计制度》规定的统一种类，格式内容编制，不得漏编、漏报。

3. 报送及时。会计报表的时间性很强，如果不及时编制，就会失去会计报表应有的作用，不利于各级工会领导了解情况、掌握政策、指导工作。因此，各级工会必须按上级工会规定的时间和期限及时编制会计报表。

第三节　工会会计基础知识要点

一、工会会计的职能和对象

（一）工会会计的职能

工会会计是核算、反映、监督工会预算执行和经济活动的专业会计。工会会计的职能是指工会会计固有的功能，它与工会组织的经济活动密切相关。工会会计的职能主要表现为以下两个方面。

1. 会计核算职能。

会计核算职能贯穿于经济活动的全过程，是会计最基本的职能，也称反映职能。它是指会计通过确认、计量、记录、报告，从数量上反映各单位已经发生或完成的经济活动，为运营管理提供可靠的经济信息。同时，通过核算，对工会预算执行过程的预算收入、支出和资金活动连续地、全面地、系统地记录下来，提供真实预算信息，反映预算的执行结果。会计核算的内容具体表现为运营过程中的各种经济业务，主要包括：(1) 款项和有价证券的收付；(2) 财物的收发、增减和使用；(3) 债权债务的发生和结算；(4) 净资产、基金的增减；(5) 收入、支出的核算；(6) 财务成果的计算和处理；(7) 其他需要办理会计手续、进行会计核算的事项。会计核算应当具有客观性、相关性、完整性和及时性。

2. 会计监督职能。

会计的监督职能也称控制职能，是指对特定主体经济活动和相关会计核算的合法性、合理性进行审查，即指按照一定的标准和要求利用会计所提供的信息对各单位的运营活动进行有效的指导、控制和调节，以达到预期的目的。工会会计监督就是按照工会预算收支计划，按照国家财经纪律的相关规定和工会有关文件、政策，对经济业务进行严格的审查、核对，以保证每一笔经济业务的合法性、合理性和有效性。对于违纪违规的财务收支行为，工会会计人员有权拒绝办理，从而达到用好、管好工会经费的目的。会计监督的内容主要包括：（1）监督经济业务的真实性；（2）监督财务收支的合法性；（3）监督各项财产的完整性；（4）会计监督是一个过程，它分为事前监督、事中监督和事后监督。

会计除具有核算和监督两项基本职能外，还有决策职能、计划职能和组织职能。随着生产力水平的日益提高、社会经济关系的日益复杂和管理理论的不断深化，会计所发挥的作用日益重要，其职能也在不断随之丰富和发展。

通过了解会计的两项基本职能及其特点，可以看出会计在经济管理中的特殊作用：会计是为决策者提供信息，并利用这些信息对经济活动进行监督的一种管理活动。设置工会会计的目的就是规范工会会计行为，保证工会会计信息质量，提高工会的运作效率。会计不直接处理人财物等业务工作，而是处理能用货币反映的这些业务活动的信息；会计核算又与统计、业务核算不同，它主要利用货币计价，并具有完整性、连续性、系统性的特点。

（二）工会会计的对象

会计的对象是会计核算和监督的内容，即特定主体能够以货币表现的经济活动。从宏观上来说，会计对象是再生产过程中的资金运动；从微观上来说，会计对象是一个单位能够用货币表现的经济活动。工会会计核算的对象是与工会经费收支相关的工会组织的预算执行和经济活动。

二、工会会计的基本理论和要素

（一）工会会计假设

会计假设是从事会计工作、研究会计问题的前提，是组织会计核算工作应当明确的前提条件，是建立会计原则的基础，也是进行会计实务的必要条件，所以又称为会计核算的基本前提，一般包括会计主体、持续经营、会计分期和货币计量。

在《工会会计制度》中对工会组织的会计假设进行了明确规定。第四条明确了工会会计的会计主体，认为工会应当对其自身发生的经济业务或者事项进行会计处理和报告。第五条明确了工会会计处理应当以工会的持续运行为前提。第六条明确了工会会计的会计分期，工会会计处理应当划分会计期间，分期结算账目和编制会计报表。会计期间至少分为年度和月度。会计年度、月度等会计期间的起讫日期采用公历日期。第七条明确了工会会计的货币计量，工会会计处理应当以货币计量，以人民币作为记账本位币。

（二）工会会计核算基础

会计核算基础是指会计主体在确认和处理一定会计期间的收入和费用时选择的处理原则和标准。工会会计核算的基础有两种：权责发生制和收付实现制。

1. 权责发生制。

权责发生制是以权利和责任的发生来决定收入和费用归属期的一项原则。指凡是在本期内已经收到和已经发生或应当负担的一切费用，无论其款项是否收到或付出，都作为本期的收入和费用处理；反之，凡不属于本期的收入和费用，即使款项在本期收到或付出，也不应作为本期的收入和费用处理。

2. 收付实现制。

收付实现制亦称“收付实现基础”或“现收现付制”，是权责发生制的对称。在会计核算中，是以款项是否已经收到或付出作为计算标准，来确定本期收益和费用的一种方法。凡在本期内实际收到或付出的一切款项，无论其发生时间早晚或是否应该由本期承担，均作为本期的收益和费用处理。采用这种方法，优点是期末无需对本期的收益和费用进行调整，核算手续比较简单，但不能正确地反映各期的成本和盈亏情况。

《工会会计制度》第三条规定工会的会计核算管理体系与工会预算管理体制相适应；第八条规定工会会计处理一般采用收付实现制，部分经济业务或者事项应当按照本制度的规定采用权责发生制。

（三）工会会计信息质量要求

《工会会计制度》的修订目的之一就是提高工会会计信息质量。工会会计信息应该满足其所有信息使用者的需求。根据《工会会计制度》规定，工会会计信息质量要求主要有相关性、客观性、明晰性、可比性、重要性和及时性等方面。

1. 相关性。

《工会会计制度》第十六条规定，工会提供的会计信息应当符合工会管理工作的要求，满足会计信息使用者的需要，满足本级工会加强财务管理的需要。

2. 客观性。

《工会会计制度》第十七条规定，工会应当以实际发生的经济业务或者事项为依据进行会计处理，如实反映工会财务状况和收支情况等信息，保证会计信息真实可靠、内容完整。

3. 明晰性。

明晰性原则要求会计核算与会计报告必须按照制度的统一要求进行，做到内容一致、格式统一、程序规范。《工会会计制度》第十八条规定，工会提供的会计信息应当清晰明了，便于理解和使用。

4. 可比性。

《工会会计制度》第十九条规定，工会会计处理应当采用规定的会计政策，前后各期一致，不得随意变更，以确保会计信息口径一致，相互可比。

5. 重要性。

《工会会计制度》第二十条规定，工会会计处理应当遵循重要性原则。对于重要的经济业务或者事项，应当单独反映。

6. 及时性。

《工会会计制度》第二十一条规定，工会应当对已经发生的经济业务或者事项及时进行会计处理和报告，不得提前或者延后。

7. 专款专用原则。

《工会会计制度》第二十二条规定，工会应当对指定用途的资金按规定的用途专款专用，并单独反映。

（四）会计政策调整

1. 调整事项。

会计政策，是指工会在会计核算时所遵循的特定原则、基础以及所采用的具体会计处理方法。

会计估计，是指工会对结果不确定的经济业务或者事项以最近可利用的信息为基础所作的判断，如固定资产、无形资产的预计使用年限等。

会计差错，是指工会在会计核算时，在确认、计量、记录、报告等方面出现的错误，通常包括计算或记录错误、应用会计政策错误、疏忽或曲解事实产生的错误、财务舞弊等。

工会在发生上述会计政策变更、会计估计变更和会计差错更正时，需要进行调整。

2. 调整方法。

会计政策变更等事项的调整方法有两种，即追溯调整法和未来适用法。《工会会计制度》第二十三条明确规定，除本制度另有规定外，一般采用未来适用法进行会计处理。

追溯调整法，是指对某项交易或事项变更会计政策，视同该项交易或事项初次发生时即采用变更后的会计政策，并以此对财务报表相关项目进行调整的方法。

未来适用法，是指将变更后的会计政策应用于变更当期及以后各期发生的经济业务或者事项，或者在会计估计变更当期和未来期间确认会计估计变更的影响的方法。

（五）工会会计要素

会计要素是对会计对象进行的基本分类，是会计核算对象的具体化，也是组成会计报表的基本单位。资产、负债、净资产是资产负债表的构成要素，反映工会组织一定时点的财务状况；收入和支出也是收入支出表的构成要素，反映工会组织一定期间的财务状况。《工会会计制度》规定，工会会计要素包括：资产、负债、净资产、收入和支出五个要素。其平衡公式为：资产=负债+净资产。

1. 资产。

资产是工会过去的经济业务或者事项形成的，由工会控制的，预期能够产生服务潜力或者带来经济利益流入的经济资源。工会的资产按照流动性划分，可以分为流动资产和非流动资产。

流动资产是指预计在一年内变现或者耗用的资产，主要包括货币资金、应收款项和库存物品等。货币资金包括库存现金、银行存款等。应收款项包括应收上级经费、应收下级经费和其他应收款等。应收上级经费是本级工会应收未收的上级工会应拨付（或转拨）的工会拨缴经费和补助。应收下级经费是县级以上工会应收未收的下级工会应上缴的工会拨缴经费。其他应收款是工会除应收上下级经费和补助以外的其他应收及暂付款项。库存物品指工会取得的将在日常活动中耗用的材料、物品及达不到固定资产标准的工具、器具等。

非流动资产是指除流动资产以外的资产，主要包括在建工程、固定资产、无形资产、投资和长期待摊费用等。在建工程是工会已经发生必要支出，但尚未交付使用的建设项目工程。固定资产是指工会使用年限超过 1 年，单位价值在规定标准以上，并在使用过程中基本保持原有物质形态的资产，一般包括：房屋及构筑物；专用设备；通用设备；文物和陈列品；图书、档案；家具、用具、装具及动植物。无形资产是指工会控制的没有实物形态的可辨认非货币性资产，包括专利权、商标权、著作权、土地使用权、非专利技术等。投资是指工会按照国家有关法律、行政法规和工会的相关规定，以货币资金、实物资产等方式向其他单位的投资。长期待摊费用是工会已经支出，但应由本期和以后各期负担的分摊期限在 1 年以上的各项支出。

2. 负债。

负债是指工会过去的经济业务或者事项形成的，预期会导致经济资源流出的现时义务。工会的负债包括应付职工薪酬、应付款项等。应付款项包括应付上级经费、应付下级经费和其他应付款。

应付职工薪酬是工会按照国家有关规定应付给本单位职工及为职工支付的各种薪酬，包括基本工资、国家统一规定的津贴补贴、规范津贴补贴（绩效工资）、改革性补贴、社会保险费（如职工基本养老保险费、职业年金、基本医疗保险费等）和住房公积金等。

应付上级经费指本级工会按规定应上缴上级工会的工会拨缴经费。

应付下级经费指本级工会应付下级工会的各项补助以及应

转拨下级工会的工会拨缴经费。

其他应付款指除应付上下级经费之外的其他应付及暂存款项，包括工会按规定收取的下级工会筹建单位缴来的建会筹备金等。

3. 净资产。

净资产是指工会的资产减去负债后的余额，包括资产基金、专用基金、工会资金结转、工会资金结余、财政拨款结转、财政拨款结余和预算稳定调节基金。

资产基金是指工会库存物品、固定资产、无形资产、在建工程、投资和长期待摊费用等非货币性资产在净资产中占用的金额。

专用基金是指县级以上工会按规定依法提取和使用的有专门用途的基金。

工会资金结转是指工会预算安排项目的支出年终尚未执行完毕或者因故未执行，且下年需要按原用途继续使用的工会资金。

工会资金结余是指工会年度预算执行终了，预算收入实际完成数扣除预算支出和工会结转资金后剩余的工会资金。

财政拨款结转是指县级以上工会预算安排项目的支出年终尚未执行完毕或者因故未执行，且下年需要按原用途继续使用的财政拨款资金。

财政拨款结余是指县级以上工会年度预算执行终了，预算收入实际完成数扣除预算支出和财政拨款结转资金后剩余的财政拨款资金。

预算稳定调节基金是指县级以上工会为平衡年度预算按规定设置的储备性资金。

4. 收入。

收入是指工会根据《工会法》以及有关政策规定开展业务

活动所取得的非偿还性资金。收入按照来源分为会费收入、拨缴经费收入、上级补助收入、政府补助收入、行政补助收入、附属单位上缴收入、投资收益和其他收入。

会费收入指工会会员依照规定向基层工会缴纳的会费。

拨缴经费收入指基层单位行政拨缴、下级工会按规定上缴及上级工会按规定转拨的工会拨缴经费中归属于本级工会的经费。

上级补助收入指本级工会收到的上级工会补助的款项，包括一般性转移支付补助和专项转移支付补助。

政府补助收入指各级人民政府按照《工会法》和国家有关规定给予县级以上工会的补助款项。

行政补助收入指基层工会取得的所在单位行政方面按照《工会法》和国家有关规定给予工会的补助款项。

附属单位上缴收入指工会所属的企事业单位按规定上缴的收入。

投资收益指工会对外投资发生的损溢。

其他收入指工会除会费收入、拨缴经费收入、上级补助收入、政府补助收入、行政补助收入、附属单位上缴收入和投资收益之外的各项收入。

5. 支出。

支出是指工会为开展各项工作和活动所发生的各项资金耗费和损失。支出按照功能分为职工活动支出、职工活动组织支出、职工服务支出、维权支出、业务支出、行政支出、资本性支出、补助下级支出、对附属单位的支出和其他支出。

职工活动支出指基层工会开展职工教育活动、文体活动、宣传活动、劳动模范疗休养活动、会员活动等发生的支出。

职工活动组织支出指县级以上工会组织开展职工教育活动、文体活动、宣传活动和劳动模范疗休养活动等发生的支出。

职工服务支出指工会开展职工劳动和技能竞赛活动、职工创新活动、建家活动、职工书屋、职工互助保障、心理咨询等工作发生的支出。

维权支出指工会组织和开展用于维护职工权益的支出，包括劳动关系协调、劳动保护、法律援助、困难职工帮扶、送温暖和其他维权支出。

业务支出指工会培训工会干部、加强自身建设及开展业务工作发生的各项支出。

行政支出指县级以上工会为行政管理、后勤保障等发生的各项日常支出。

资本性支出指工会从事建设工程、设备工具购置、大型修缮和信息网络购建等发生的实际支出。

补助下级支出指县级以上工会为解决下级工会经费不足或根据有关规定给予下级工会的各类补助款项。

对附属单位的支出指工会按规定对所属企事业单位的补助。

其他支出指工会除职工活动支出、职工活动组织支出、职工服务支出、维权支出、业务支出、行政支出、资本性支出、补助下级支出和对附属单位的支出以外的各项支出。

三、借贷记账法与会计等式

借贷记账法是以“借”和“贷”二字作为记账符号，记录因经济业务发生而引起的会计要素增减变动情况的一种复式记账方法。

（一）借贷记账法的记账符号

借贷记账法以“借”和“贷”二字作为记账符号，表示不同经济业务的增减变动情况，具体的含义则取决于账户的不同属性。

借贷记账法是复式记账法，故其账户的基本结构也分为左右两方：左方为借方，右方为贷方。“借方”记录资产、支出的增加，负债、净资产的减少及收入的结转；“贷方”记录资产的减少、支出的结转，负债、净资产及收入的增加。一般而言，余额出现在借方的账户属于资产类账户；余额出现在贷方的账户属于负债类、净资产类账户。支出类账户和收入类账户结转后没有余额。借贷记账法各类账户的结构如表5-1所示。

表5-1　账户的结构

借方	贷方	余额
资产增加	资产减少	借方
负债减少	负债增加	贷方
净资产减少	净资产增加	贷方
收入结转	收入增加	无
支出增加	支出结转	无

（二）借贷记账法的记账规则

借贷记账法建立在复式记账法原理的基础上，借贷记账法的基本记账规则是“有借必有贷，借贷必相等”。

1. 对于每一笔经济业务都在两个或两个以上相互联系的账户中进行登记，在一个账户中记借方，必须同时在另一个或几个账户中记贷方；或者在一个账户中记贷方，在另一个或几个账户中记借方。

2. 以相等的金额同时记入借方账户与贷方账户。由于借贷记账法的理论基础是“资产+支出=负债+净资产+收入”，因此，反映因经济业务的发生而引起各项目变动时，只有以相等的金额登记，才能保持会计恒等式两端要素间的平衡关系。

3. 采用借贷记账法，一般根据业务情况一借一贷的会计分录，业务较为复杂的可以采用复合会计分录，即一借多贷或多借一贷。一般不允许多借多贷。

（三）借贷记账法的试算平衡

在试算平衡中，就是根据“资产+支出=负债+净资产+收入”的平衡关系，按照“有借必有贷，借贷必相等”的记账规则要求，通过汇总计算和比较，来检查账户记录的正确性和完整性。

经济业务发生后，按照借贷记账法的记账规则来记账，每一笔经济业务的借贷发生额相等，工会在一定时期内所发生的全部经济业务的借贷双方合计数也相等。

1. 试算平衡公式。

采用借贷记账法可以按照下列公式试算平衡：

（1）会计分录试算平衡公式：会计分录借方账户金额=会计分录贷方账户金额；

（2）本期发生额试算平衡公式：全部账户本期借方发生额合计=全部账户本期贷方发生额合计；

（3）余额试算平衡公式：全部账户借方余额合计=全部账户贷方余额合计。

2. 试算平衡表。

试算平衡表公式的运用事实上也是严格按照借贷记账法的记账规则来进行账务处理的。在会计实务中，通常在会计期末用试算平衡的方式进行本期发生额及期末余额的试算平衡。常用的试算平衡表有三种：（1）总分类账本期发生额试算平衡表；（2）总分类账期末余额试算平衡；（3）总分类账本期发生额及期末余额试算平衡表。

下面简要介绍本期发生额及期末余额试算平衡表的编制。表内会计科目一栏是账户名称，一般按资产负债表的排列顺序填写，其他有关栏次则根据各账户记录的发生额及余额填列：首先，应结出各账户本期借方发生额、贷方发生额和期末余额；其次，将每一账户期初、期末余额和借贷方发生额填入试算平衡表的对应行次，分别累加后得出合计数，即完成了试算平衡表的编制。

需要注意的是，如果发生额或余额不平衡，说明账户记录或计算一定有误，但平衡了并不能说明无错误。因为有些错误并不影响平衡关系，如用错会计科目、重记或漏记同一笔分录、借贷方向记反等，这些错误需要采用其他会计检查方法进行检查。

（四）会计等式

如前文所述，五项会计要素反映了资金运动的静态和动态两个方面，具有紧密的相关性，它们在数量上存在特定的平衡关系，这种平衡关系用公式来表示，就是通常所说的会计等式。会计等式是反映会计要素之间平衡关系的计算公式，它是各种会计核算方法的理论基础。

工会会计的试算平衡公式：资产=负债+净资产。

工会在运营过程中，每天都会发生多种多样、错综复杂的经济业务，从而引起各会计要素的增减变动，但不影响资产与负债及净资产的平衡关系。经济业务的发生引起等式两边会计要素变动的方式可以归纳为以下四种类型。

1. 经济业务的发生引起等式两边金额同时减少，减少金额相等，变动后等式仍保持平衡。

2. 经济业务的发生引起等式两边金额同时增加，增加金额相等，变动后等式仍保持平衡。

3. 经济业务的发生引起等式左边即资产内部的项目此增彼减，增减的金额相同，变动后资产总额不变，等式仍保持平衡。

4. 经济业务的发生引起等式右边净资产内部项目此增彼减，变动后等式仍保持平衡。

四、工会会计科目和账户

（一）会计科目

1. 会计科目的概念和意义。

会计科目是对会计要素按照经济内容和运营管理要求进行分类核算的项目，是对会计核算对象的具体内容所作的科学分类，也是经济业务的分类名称，即按照每一会计要素，把性质相同的内容归纳在一起，分别确定一个既能反映本质又简单明了的名称。

通过设置会计科目，把资金的运动情况分门别类地登记在账簿上，可以全面反映和监督各项会计要素的详细情况，为管理者提供一系列分类的经济指标。会计科目是组织会计核算的一项重要工作，是填制会计凭证和设置会计账户的依据，是编制会计报表的基础。

2. 会计科目的分类。

（1）按照会计要素进行分类

工会组织的会计科目对应工会会计要素可以划分为五类，即资产类、负债类、净资产类、收入类和支出类。

资产类科目是用以核算和监督各种资产增减变动的会计科目，主要有“库存现金”、“银行存款”、“应收上级经费”、“应收下级经费”、“其他应收款”、“库存物品”、“投资”、“在建工程”、“固定资产”及其备抵科目“累计折旧”、“无形资产”及其备抵科目“累计摊销”、“长期待摊费用”、“待处理财产损溢”等。

负债类科目是用以核算和监督各种债务增减变动的会计科目，主要有“应付职工薪酬”、“应付上级经费”、“应付下级经费”、“其他应付款”等。

净资产类科目是用以核算和监督各种净资产增减变动的会

计科目，主要有“资产基金”、“专用基金”、“工会资金结转”、“工会资金结余”、“财政资金结转”、“财政资金结余”和“预算稳定调节基金”等。

收入类科目是用以核算和监督工会运作过程中的收入状况的会计科目，主要有“会费收入”、“拨缴经费收入”、“上级补助收入”、“政府补助收入”、“行政补助收入”、“附属单位上缴收入”、“投资收益”和“动用预算稳定调节基金”等。

支出类科目用于核算和监督各种支出状况并计算确定损溢，主要有“职工活动支出”、“职工活动组织支出”、“职工服务支出”、“维权支出”、“业务支出”、“行政支出”、“资本性支出”、“补助下级支出”、“对附属单位的支出”和“安排预算稳定调节基金”等。

（2）按照科目级次进行分类

会计科目按其提供核算指标的详细程度，可分为一级科目和明细科目。为便于编制会计凭证、登记账簿、查阅账目、实行会计信息化管理，《工会会计制度》统一规定了工会会计科目的名称和编号。对于已规定的一级科目和明细科目，各级工会不得减并、自行增设、擅自更改科目名称，不需要的科目可以不用。各省级工会可以根据需要自行增设未规定的明细科目，或将相应权限授权给所属下级工会。

根据《工会会计制度》规定，基层工会组织至少应设置 24 个会计科目，县级以上工会组织共设置 45 个一级科目。县级以上工会组织的 45 个一级科目包括资产类 16 个、负债类 5 个、净资产类 7 个、收入类 7 个、支出类 10 个。

工会在运行过程中发生外币业务时，单独设置外币账户的，可以根据制度规定进行外币核算。未设置外币账户的，换算为人民币进行核算。

（3）科目的使用

每个科目都能提供期初余额、本期发生额和期末余额三个指标。不同类别的会计科目的借贷方核算的内容是有区别的。

资产类科目：借方登记增加数，贷方登记减少数，一般资产类科目期末有借方余额，资产类科目期末余额=期初余额+本期借方发生额-本期贷方发生额。

负债类科目：借方登记减少数，贷方登记增加数，一般负债类科目期末有贷方余额，负债类科目的期末余额=期初余额+本期贷方发生额-本期借方发生额。

净资产类科目：借方登记减少数，贷方登记增加数，净资产类期末为贷方余额，净资产类科目的期末余额=期初余额+本期贷方余额。

收入类科目：借方登记减少数，贷方登记增加数，期末结转后收入类科目无余额。

支出类科目：借方登记增加数，贷方登记减少数，期末结转后支出类科目无余额。

（二）会计账户

1. 会计账户的概念。

会计账户是根据会计科目设置，具有一定格式和结构用于分类反映会计要素增减变化情况及其结果的载体。会计账户由账户名称和账户结构两部分组成。

2. 账户的设置。

账户是根据会计科目设置的，根据总账科目设置的账户称为总分类账户，总分类账户的名称就是总账科目的名称；根据总账科目所属明细分类科目开设的账户，叫作明细分类账户，总账账户是总括反映资产和权益的账户，明细账户是详细反映资产和权益的账户。总账账户对明细账户起综合和控制作用，明细账户对总账账户起补充和分析作用。

对某项经济业务，通过总分类账户进行核算，称为总分类核算；对某项经济业务，通过有关明细分类账户进行核算，称为明细核算。

3. 账户的分类。

账户按其核算的经济内容可以分为资产类账户、负债类账户、净资产类账户、收入类账户、支出类账户。

（1）资产类账户还可以分为流动资产账户和非流动资产账户，前者如“库存现金”、“银行存款”、“应收上级经费”、“应收下级经费”、“库存物品”等账户；后者如“固定资产”、“在建工程”等账户。

（2）负债类账户包括“应付职工薪酬”、“应付上级经费”、“应付下级经费”、“其他应付款”等账户。

（3）净资产类账户包括“资产基金”、“专用基金”、“工会资金结转”、“工会资金结余”、“财政资金结转”、“财政资金结余”和“预算稳定调节基金”等账户。

（4）收入类账户包括“会费收入”、“拨缴经费收入”、“上级补助收入”、“政府补助收入”、“行政补助收入”、“附属单位上缴收入”、“投资收益”和“动用预算稳定调节基金”等账户。

（5）支出类账户包括“职工活动支出”、“职工活动组织支出”、“职工服务支出”、“维权支出”、“业务支出”、“行政支出”、“资本性支出”、“补助下级支出”、“对附属单位的支出”和“安排预算稳定调节基金”等账户。

4. 账户的基本结构。

为了正确反映账户的具体内容，账户要有一定的结构，即反映其内容的组成要素。账户的结构，是指登记经济业务内容账页的具体格式，其基本结构用“T”字表示，反映经济业务引起资金运动数量变化的增加和减少两种情况。在借贷记账法下，账户的左方为“借方”，右方为“贷方”，并分别反映其余额。

各种经济业务的资金活动，从其数量方面看，不外乎增加或者减少两种情况。同时还要反映资金变动的结果，即资金结余的情况。因此，账户也就需要分为三个部分：一部分记录资金的增加；一部分记录资金的减少；一部分反映资金的结余数额。

（1）借贷记账法账户的一般格式。

表 5-2　借贷记账法账户的一般格式

时间	凭证字号	摘要	借方	贷方	借或贷	余额

（2）“T”字账户的结构。账户左右相对称的两方，分别用来记录其增加金额和减少金额，增减金额相抵减后的差额叫余额。因此，每个账户都能提供期初余额、本期发生额和期末余额三个核算指标。不同类别账户的结构是有区别的。

表 5-3　“T”字账户的结构

账户名称	
借方	贷方

资产类（支出类）账户结构：借方登记增加数，贷方登记减少数，资产类期末有借方余额，支出类期末结转至结余账户后无余额。资产类（支出类）账户计算公式为：资产类账户期

末余额=期初余额+本期借方发生额-本期贷方发生额。资产类（支出类）账户结构如表5-4所示：

表5-4 资产类账户

资产类账户	
借方	贷方
期初余额（支出类无期初余额）： 本期增加数：	本期减少数：
本期发生额合计： 期末余额（支出类无期末余额）：	本期发生额合计：

负债类（净资产类、收入类）账户结构与资产类账户登记方向相反，其结构：借方登记减少数，贷方登记增加数，负债类和净资产类期末为贷方余额，收入类期末结转至结余账户后无余额。其计算公式为：负债类账户期末余额=期初余额+本期贷方余额-本期借方发生额。负债类（净资产类、收入类）账户结构如表5-5所示：

表5-5 负债类账户

负债类账户	
借方	贷方
本期减少数：	期初余额（收入类无期初余额）： 本期增加数：
本期发生额合计：	本期发生额合计： 期末余额（收入类无期末余额）：

5. 会计科目和账户的联系与区别。

会计科目是设置账户的依据，是账户的名称，账户是根据会计科目开设的，是会计科目的具体运用。会计科目本身没有结构，而账户则有相应的结构；能够具体地记录资金的增减变动情况及其结果；账户的内容比会计科目更为丰富。

五、工会会计凭证

会计凭证是记载经济业务发生，明确经济责任的书面文件，是记账的依据。工会工作中每发生一项经济业务，都需要取得原始凭证，并据以编制记账凭证。通过会计凭证的填制和审核，可以保证会计核算资料的真实性、可靠性、合理性，监督各项经济业务遵循财经纪律、法规和制度，发挥会计在经济管理中的作用。

（一）会计凭证的种类

会计凭证按填制程序和用途分为原始凭证和记账凭证。

1. 原始凭证。

原始凭证是在经济业务发生或完成时取得的书面证明，是记录证明经济业务已经发生或完成的原始凭证，是明确经济责任和记账凭证的原始资料。

（1）原始凭证的种类。原始凭证按其取得的来源不同，可分为自制原始凭证和外来原始凭证。

一是自制原始凭证。自制原始凭证，是由本工会经办业务的部门和人员在办理经济业务时所填制的凭证。例如工资单、借款单、差旅费报销单等。

二是外来原始凭证。外来原始凭证，是经济业务发生时，从外部单位或个人取得的原始凭证。如发票、机票等。

（2）原始凭证的内容。所有的原始凭证（包括自制的和外来的）都必须具备以下基本内容：凭证的名称；填制凭证的日期；填制凭证的单位名称或者填制人姓名；经办人员的签名或盖章；接受凭证单位名称；经济业务的内容，数量、单价和金额。

（3）原始凭证的注意事项。各级工会财务在核对原始凭证时除上述凭证要件要具备外，还应该注意以下几项：凡填有大写和小写金额的原始凭证，大写与小写金额必须相符；一式几联的原始凭证，应当注明各联的用途，只能以一联作为报销凭证；经上级有关部门批准的经济业务，应当将批准文件作为原始凭证附件，如果批准文件需要单独归档的，应当在凭证上注明批准机关名称、日期和文件字号；原始凭证不得涂改、挖补。发现原始凭证有错误的，应当由开出单位重开或者更正，更正处应当加盖开出单位的公章。

2. 记账凭证。

记账凭证是会计人员根据审核无误的原始凭证进行归类、整理、记载经济业务，确定会计分录，据以登记账簿的一种会计凭证。

（1）记账凭证的种类。记账凭证一般可分为收款凭证、付款凭证、转账凭证三种。对于经济业务不多的单位，可以不分收款凭证、付款凭证、转账凭证，而只用一种通用的“记账凭证”来记录各种经济业务。记账凭证的格式如下：

表 5-6　记账凭证

编制单位：　　　　　　　年　　月　　日　　　　　　凭证编号：

摘要	总账科目	明细科目	记账符号	借方金额	记账符号	贷方金额
合计						

财务主管：　　　　记账：　　　　出纳：　　　　审核：　　　　制单：

表 5-7　收款凭证

借方科目：　　　　　　年　　月　　日　　　　　　　　收字　　号

摘要	贷方总账科目	明细科目	记账符号	余额
合计				

财务主管：　　　　记账：　　　　出纳：　　　　审核：　　　　制单：

表 5-8　付款凭证

贷方科目：　　　　　　年　　月　　日　　　　　　　　付字　　号

摘要	借方总账科目	明细科目	记账符号	余额
合计				

财务主管：　　　　记账：　　　　出纳：　　　　审核：　　　　制单：

表 5-9　转账凭证

编制单位：　　　　　　年　　月　　日　　　　　　　　转字　　号

摘要	总账科目	明细科目	记账符号	余额
合计				

财务主管：　　　　记账：　　　　出纳：　　　　审核：　　　　制单：

（2）记账凭证的内容。记账凭证应具备以下基本内容：填制凭证的日期；凭证的编号；经济业务内容摘要；会计科目；金额；所附原始凭证的张数；填制凭证的人员、稽核人员、记账人员、会计机构负责人、会计主管人员的签名或签章。收款和付款记账凭证还应当由出纳人员签名或者盖章。

工会所使用的各种会计凭证和会计账簿的内容和格式，应当遵守《工会会计制度》的要求，并符合《会计法》、《会计基础工作规范》和《会计档案管理办法》等的规定。工会在填制会计凭证、登记会计账簿时，应当填列会计科目的名称，或者同时填列会计科目的名称或编号。不得只填列科目编号，不填列科目名称。

（二）会计凭证的填制和审核

1. 会计凭证填写的基本要求。

会计凭证、会计账簿、会计报表和其他会计资料的内容与要求必须符合国家统一会计制度的规定，不得伪造、变造会计凭证和会计账簿，不得设置账外账，不得报送虚假会计报表。

工会组织在编制会计凭证、登记会计账簿时，应当遵守《工会会计制度》的要求，并符合《会计法》、《会计基础工作规范》和《会计档案管理办法》等的规定。应当填列会计科目的名称或者同时填列会计科目的名称和编号，不得只填列会计科目、编号，不填列会计科目名称。

填写会计凭证，字迹必须清晰、工整，并符合下列要求。

（1）阿拉伯数字应当一个一个地写，不得连笔写。阿拉伯数字前面应当写货币币种符号或者货币名称简写和币种符号。币种符号与阿拉伯金额数字之间不得留有空白。凡是阿拉伯数字前写有币种符号的，数字后面不再写货币单位。

（2）所有以元为单位（其他货币种类为货币基本单位，下同）的阿拉伯数字，除表示单价等情况外，一律填写到角分；无角分的，角位和分位可写“00”，或者符号“—”；有角无分的，分位应当写“0”，不得用符号“—”代替。

（3）汉字大写数字金额，如零、壹、贰、叁、肆、伍、陆、柒、捌、玖、拾、佰、仟、万、亿等，一律用正楷或者行书体书写，不得用〇、一、二、三、四、五等简化字代替，不得任意自造简化字。大写金额数字到元或者角为止的，在“元”或者“角”字后应当写“整”字或者“正”字；大写金额数字有分的，分字后面不写“整”或者“正”字。

（4）大写金额数字前未印有货币名称的，应当加填货币名称，货币名称与大写金额数字之间不得留有空白。

（5）阿拉伯数字金额中间有“0”时，汉字大写金额要写“零”字；阿拉伯数字金额中间连续有几个“0”时，汉字大写金额中可以只写一个“零”字；阿拉伯金额数字元位是“0”，或者数字中间连续有几个“0”、元位也是“0”但角位不是“0”时，汉字大写金额可以只写一个“零”字，也可以不写“零”字。

2. 原始凭证的填制和审核。

（1）原始凭证的填制方法和要求。

一是符合实际情况。凭证填制的内容、数字等，必须根据实际情况填列，确保原始凭证所反映的经济业务真实可靠，符合实际情况，从外单位取得原始凭证如有遗失，应取得原签发单位盖有公章的证明，并注明原来凭证的号码、金额和内容等。由经办单位负责人批准后，才能代作原始凭证。如果确定不能取得证明的，由当事人写出详细情况，单位负责人批准后，代作原始凭证。

二是明确经济责任。自制原始凭证，必须有经办单位负责人或经办人签名或盖章；对外开出的原始凭证，必须加盖本单位的公章；从外单位取得的原始凭证，必须盖有填制单位公章；从个人取得的原始凭证，必须有填制人的签名或盖章。

三是填写内容齐全。原始凭证的各项内容，必须详尽地填写，不得遗漏，而且凭证填写的手续必须完备，符合内部牵制制度。购买实物的原始凭证，必须有验收证明；支付款项的原始凭证，必须有收款单位和收款人的收款证明。凡填写大写和小写金额的原始凭证，大写和小写金额必须相等，字迹要清晰、工整、不得潦草；一式几联的原始凭证，应当注明各联的用途，只能以一联作为报销凭证；一式几联的发票和收据，必须用双面复写纸套写（发票和收据本身具备复写纸功能的除外），并且连续编号；作废时加盖“作废”戳记，连同存根一起保存，不得撕毁；退款时，必须取得对方的收款收据或汇款单，不得以退货发票代替收据；公出借款的凭据，必须附在记账凭证上；收回借款时，应当另开收据或者退回借据副本，不得退还原借据；经上级有关部门批准的经济业务，应当将批准文件作为原始凭证附件。如果批准文件需要单独归档的，应当在凭证上注明批准机关名称、日期和文件字号。

（2）原始凭证的审核。原始凭证的审查和核对，是实行会计监督的重要一环，必须从严控制。只有经过严格审查并符合规定要求的原始凭证，才能作为编制记账凭证和登记明细账的依据。原始凭证主要从以下两个方面进行审核。

一要从政策、法令、制度方面审核凭证的合法性、真实性。包括：原始凭证的内容是否符合国家财经制度和有关经济合同的要求；凭证日期、业务内容、金额、凭证来源、凭证本身是否真实等。对于伪造、涂改、经济业务不合法的凭证，应拒绝受理，并及时报告领导处理。

二要从业务技术方面审核凭证填制的完整性、准确性。包括：原始凭证的基本内容是否逐项填写；经济活动内容的说明是否明确；数字计算是否准确；大小写金额是否一致；有关人员是否签章；有无刮擦挖补涂改现象。如果发现不完整、不准确、不符合规定的凭证，应退回补填或更正。

3. 记账凭证的填制和审核。

（1）记账凭证填制的方法和要求。填制记账凭证，是要求由会计人员将各项记账凭证要素按规定方法填写齐全，便于账簿登记。各种记账凭证除严格按原始凭证的填制要求填制外，还应注意以下填制要求。

一是凭证摘要简明。记账凭证的摘要栏要用简练明确的语句概括经济业务内容的要点，这主要是为了便于查阅凭证和登记账簿。

二是业务记录明确。记账凭证可以根据每一张原始凭证填制，或者根据若干张同类的原始凭证汇总填列，也可以根据原始凭证汇总表填制。但不得将不同内容和类别的经济业务的原始凭证汇总填制在一张记账凭证上。以自制的原始凭证或原始凭证汇总表代替记账凭证的，必须具备记账凭证应有的项目。

三是科目运用准确。必须按规定的会计科目及其核算内容，正确编制会计分录，确保科目的准确运用。

四是附件数量完整。除结账和更正错账的记账凭证可以不附原始凭证外，其他记账凭证都必须附有原始凭证。如果一张原始凭证涉及几张记账凭证，可以把原始凭证附在一张主要的记账凭证后面，并在其他记账凭证上注明附有该原始凭证的记账凭证的编号或者附原始凭证复印件；一张原始凭证所列支出需要几个单位共同负担的，应当将其他单位负担的部分，并给对方原始凭证分割单进行结算；原始凭证分割单必须具备原始凭证的基本内容以及支出分摊情况等。

五是填写内容齐全。记账凭证中的各项内容必须填写齐全，并按规定程序办理签章手续，不得简化，实行会计电算化的单位，对于机制记账凭证，要认真审核，做到会计科目使用正确，数字准确无误；打印出的机制记账凭证要加盖制单人员、审核人员、记账人员及会计机构负责人、会计主管人员印章或者签名。

六是凭证顺序编号。填制记账凭证时，应当对记账凭证按会计事项处理的先后顺序进行连续编号。一笔经济业务需要填制两张以上记账凭证的，可以采用分数编号法编号。

七是填写格式规范。如果在填制记账凭证时发生错误，应当重新填制；已经登记入账的记账凭证，在当年内发现填写错误时，可以用红字填写一张与原内容相同的记账凭证，在摘要栏注明“注销某月某日某号凭证”；如果会计科目没有错误，只是金额错误，也可以将正确数字与错误数字之间的差额，另编制一张调整的记账凭证，调增金额用蓝字，调减金额用红字；发现以前年度记账凭证有错误的，应当用蓝字填制一张更正的记账凭证；记账凭证填制完经济业务事项后，如有空行，应当自金额栏最后一笔金额数字的空行处至合计数上的空行处划线注销。

（2）记账凭证的审核。只有经过审核确认无误的记账凭证，才能作为登记账簿的根据，可以从以下两个方面对记账凭证进行审核。

一要从政策、法令、制度方面审核其合法性、真实性。记账凭证记录的内容是否与所附凭证相符，所列会计分录是否符合制度规定，对于不符合制度规定的记账凭证应及时纠正。

二要从业务技术方面审核其完整性、准确性。包括：内容是否填写齐全；手续是否齐备；账户使用是否正确；对应账户的金额是否平衡；所附附件张数是否相等；有关人员是否签章等。如发现错误，应查明原因，加以更正。

（三）会计凭证的传递

会计凭证的传递，是指从经济业务发生，取得原始凭证开始，直到会计凭证归档保管为止的传递程序。

会计凭证能否及时传递并进行处理，直接关系到会计核算工作的正确、及时，各单位可根据自身情况，规定各种凭证的传递程序，保证按期、按质、按量完成核算任务。

六、工会会计账簿

（一）会计账簿的作用

会计账簿是由具有专门格式并相互联系的若干账页所组成的，以会计凭证为依据，用来连续、系统、全面、完整地登记工会各项经济业务的簿记。

设置和登记账簿作为会计核算的一项重要内容，在经济管理中具有重要作用。账簿的主要作用如下。

1. 账簿是连续、系统、全面、完整地登记各项经济业务的工具。通过设置和登记账簿，就能把会计凭证所提供的大量分散的核算资料，按照一定的程序，分门别类地登记到各个账户中，以便取得完整的核算资料。

2. 账簿资料是编制会计报表的主要依据。通过设置和登记账簿，可以为运营管理提供比较系统、完整的会计核算资料；账簿中总分类核算和明细分类核算的资料，是编制会计报表的主要依据。

3. 账簿资料是检查、分析经济活动的依据。通过账簿的设置与登记可以确定收入及支出的形成，提供收入与支出形成的详细内容，为工会进行相关决策提供依据，还可以检查、分析经济活动，考核收入和支出的执行情况。

（二）会计账簿的种类

会计账簿一般可以分为总账、明细账、日记账和其他辅助账簿。

1. 总账。总账也叫总分类账，是根据总分类科目开设，用于记录全部经济业务总括核算资料的分类账簿。总账一般采用

“借方”、“贷方”、“余额”三栏式账页。

2. 明细账。明细账也叫明细分类账，是根据总账科目所属的明细科目设置，用于记录某一经济业务明细核算资料的分类账。明细账能提供比较详细的核算资料，是对总账的补充。明细分类账的格式可分为三栏式、数量金额式和多栏式三种。

3. 日记账。日记账又称序时账簿，是对各项经济业务按其发生时间的先后顺序，逐日逐笔连续进行登记的账簿。主要包括现金日记账和银行存款日记账两种，这两种日记账均由出纳人员负责登记，每天结出余额。日记账也称为特种明细账，采用订本式账簿。

4. 其他辅助账簿。辅助账簿又称备查账簿，是对某些不能在日记账和分类账中记录的经济事项或记录不全的经济业务进行补充登记的账簿。辅助账簿主要是为某些经济业务的管理决策提供必要的登记簿等。辅助账簿没有固定的格式，其格式可由各单位根据管理的需要及不同经济业务情况自行设置，也可以使用分类账的账页格式。备查账簿的登记依据可以没有原始凭证和记账凭证。

（三）记账的基本规则

为了保证账簿记录得正确、完整，明确责任，记账工作应当做到登记及时、内容真实、数字准确、摘要清楚。同时，还必须遵守以下有关规则。

1. 启用账簿的规则。

为了规范管理和明确记账责任，启用新账簿时，应当在账簿封面写明单位名称和账簿名称。在账簿扉页上应当附启用表，内容包括：启用日期、账簿页数（活页账应在装订成册后填明页数）、记账人员、会计机构负责人和主管会计人员签章并加盖公章。记账人员或者会计机构负责人和会计主管人员变动时，应注明交接日期和接办人员姓名或监督交接人员的姓名，并由交接人双方签名或盖章。启用订本式账簿，应当从第一页到最后一页顺序编定页数，不得跳页、缺号。使用活页式账页，应当按账户顺序编号，并须定期装订成册。装订后再按实际使用的账页顺序编定页码。另加目录，记明每个账户的名称和页次。

2. 登记账簿的规则。

（1）登记会计账簿时，应当将会计凭证日期、编号、业务内容摘要、金额和其他有关资料逐项记入账内，做到数字准确、摘要清楚、登记及时、字迹工整。

（2）登记完毕后，要在记账凭证上签名或者盖章，并注明已经登账的符号，表示已经记账。

（3）账簿中书写的文字和数字上面要留有适当空格，不要写满格，一般应占格距的二分之一。这样在发生登记错误时，比较容易进行更正，同时也方便查账工作。

（4）登记账簿要用蓝黑墨水或者碳素墨水笔书写，不得使用圆珠笔（银行的复写账簿除外）或者铅笔书写。

（5）下列情况，可以用红色墨水记账：按照红字冲账的记账凭证，冲销错误记录；在不设借贷等栏的多栏式账页中，登记减少数；在三栏式账户的余额栏前，如未印明余额方向的，在余额栏内登记负数余额；根据国家统一会计制度的规定，可以用红字登记的其他会计记录。

（6）各种账簿按页次顺序连续登记，不能跳行、隔页。如不慎发生跳行、隔页，应当将空行、空页划线注销，或者注明“此行空白”、“此页空白”字样。订本账发生跳页时，不能撕毁，应在空页上划四角交叉红线注销。空行跳页划线后，并由记账人员签名或者盖章。

（7）凡需要结出余额的账户，结出余额后，应在“借”或“贷”等栏内写明“借”或“贷”等字样，没有余额的账户，应在“借”或“贷”等栏内写“平”字，并在余额栏内用

“0”表示。现金日记账和银行存款日记账必须逐日结出余额。

(8) 每一账页登记完毕结转下页时，应当结出本页合计数及余额，写在本页最后一行和下页第一行有关栏内，并在摘要栏内注明“过次页”和“承前页”字样；也可以将本页合计数及金额只写在下页第一行有关栏内，并在摘要栏内注明“承前页”字样。对需要结计本月发生额的账户，结计“过次页”的本页合计数应当为自本月初起至本页末止的发生额合计数；对需要结计本年累计发生额的账户，结计“过次页”的本页合计数应当为自年初起至本页末止的累计数；对既不需要结计本月发生额也不需要结计本年累计发生额的账户，可以只将每页末的余额结转次页。

(9) 实行会计电算化的单位，用计算机打印的会计账簿必须连续编号，经审核无误后装订成册，并由记账人员和会计机构负责人、会计主管人员签字或者盖章。

3. 更正错账的规则。

为了使账簿清楚整洁，不得在账簿的空白处任意填写数字或用文字附注。记账中如果出现错误，不得涂改、刮擦、挖补、撕毁账页或使用褪色药水；不得重新抄写，应根据具体情况，按照下列方法进行更正。

(1) 划线更正法。划线更正法又叫直接改正法或红线更正法，结账前发现账簿记录中的文字或数字有错，而记账凭证无错，可采用划线更正法。

更正时，先在错误的文字或数字上面划一条红线，以示注销。但必须使原有字迹可以辨认，以备考查，然后在划线的上方用蓝字填写正确的文字或数字，并由记账人员在更正处盖章，以明确责任。采用划线更正法进行错账更正时应注意，对于文字差错，可只划去错误部分，不必将与错字相关联的其他文字划去，但对于数字差错，应将错误的数额全部划线，不得只划其中个别数字。例如，将2,387.00误记为2,378.00，应在2,378.00上划一条红线，并全部划掉更正为2,387.00。而不能只划“78”两个数字并改为“87”。

（2）红字更正法。红字更正法又称红字冲销法。在会计上，以红字记录表明对原记录的冲减。红字更正法适用于以下两种情况。

第一，根据记账凭证所记录的内容记账以后，发现记账凭证中的应借、应贷会计科目或记账方向有错误，应采用红字更正法。进行更正时，先用红字金额填制一张与原内容一致的记账凭证，据以用红字金额登记入账，在摘要栏内注明“冲减某年某月某日某号凭证错误”，冲销原错误记录。然后用蓝字填写一张正确的凭证，重新登记入账。

例如，2×22年2月1日，某县工会用现金210元购买胶水、纸张等办公用品，在记账凭证中，误将办公用品作为固定资产登记入账。

会计处理如下：更正时，先填写红字金额凭证，并据以用红字金额登记入账：

借：资本性支出　　　　210（红字）

　　贷：库存现金　　　　210（红字）

借：固定资产　　　　210（红字）

　　贷：资产基金　　　　210（红字）

再用蓝字填制正确的凭证，重新登记入账：

借：行政支出　　　　210

　　贷：库存现金　　　　210

第二，科目正确，实记金额大于应记金额进行更正时，将多记金额填制记账凭证，据以红字金额入账，冲销其大于应记金额的差额，改正错账。

例如，2×22年2月5日，某县工会用银行存款2,890元购置一台打印设备，误将凭证填写为2,980元，并已入账。

会计处理如下：更正时，填制以下红字金额凭证，予以冲正：

借：资本性支出　　　　　　　　90（红字）
　　贷：银行存款　　　　　　　　　90（红字）
借：固定资产　　　　　　　　　90（红字）
　　贷：资产基金　　　　　　　　　90（红字）

（3）补充登记法。在记账以后，发现所记金额小于应记金额，采用此法更正。更正时，将少记金额，用蓝字填写一张记账凭证，登记入账，以补充少记的金额。

例如，2×22 年 2 月 12 日，工会收到上级工会的补助通知书（假设全部归属于本级工会），但未收到银行收账单，款项为120,000元，记账凭证误填为100,000元，并已入账。

会计处理如下：更正时，用蓝字填制一张20,000元的凭证，据以入账：

借：应收上级经费　　　　　　　20,000
　　贷：拨缴经费收入　　　　　　　20,000

4. 总分类账与明细分类账平行登记的规则。

总账和所属明细账采用平行登记的方法。

（1）依据相同。登记总账和所属明细账的记账凭证和原始凭证是相同的。

（2）方向一致。总账账户登记在贷方，所属明细账也应登记在贷方；总账账户登记在借方，所属明细账也应登记在借方。

（3）金额相等。总账账户中登记的每一笔业务的金额应同所属各明细账户中登记的金额之和相等（总账、明细账有的是汇总登记）。

（4）同期登记。对每笔经济业务，要在有关总账账户中登记；需设明细账的，也必须在同一会计期间内登记所属明细账账户。

根据总分类账与其所属明细分类账的平行登记规则记账之后，总分类账与明细分类账之间产生了下列数量关系。

一是总分类账有关账户本期发生额与其所属各个明细账分类账户本期发生额的合计数之和必然相等。以公式表示为：总账本期发生额=所属明细账本期发生额合计。

二是总分类账有关账户期末余额与其所属各个明细分类账户期末余额之和必然相等。以公式表示为：总账期末余额=所属明细账期末余额合计。

在会计核算工作中，利用总账和明细账的这种关系，可以检查账簿登记是否完整，从而保证其正确性。

（四）结账和对账

为了总结一定时期内的运营活动及财务成果，便于及时、正确地编制会计报表，必须定期进行结账和对账工作。结账的周期一般分为月、季和年。这里的年度指的是会计年度。工会会计年度与其他制度规定的会计年度相同，按照《会计基础规范》规定，均为1月1日至12月31日。

1. 结账。

结账就是将一定时期内所发生的各项经济业务全部登记入账，并结出本期发生额和余额。

（1）结账前，必须将本期内所发生的各项经济业务全部登记入账。

（2）结账时，应当结出每个账户的期末余额。需要结出当月发生额的，应当在摘要栏内注明“本月合计”字样，并在下面通栏划单红线；需要结出本年累计发生额的，应当在摘要栏内注明“本年累计”字样，并在下面通栏划单红线；12月末的“本年累计”就是全年累计发生额，全年累计发生额下面应当通栏划双红线；年度终了结账时，所有总账账户都应当结出全年发生额和年末余额；年度终了，要把各账户的余额结转到下一个会计年度，并在摘要栏内注明“结转下年”字样；在下一会计年度新建有关会计账簿的第一行余额栏内填写上年结转的余额，并在摘要栏内注明“上年结转”字样。

2. 对账。

对账是为了保证会计资料的可靠性和准确性，定期对会计账簿记录的有关数字与库存实物、货币资金、有价证券、往来单位或者个人等进行相互核对，保证账证相符、账账相符、账实相符。对账工作每年至少进行一次。

（1）账证核对。核对会计账簿记录与原始凭证；记账凭证的时间、凭证字号、内容、金额是否一致；记账方向是否相符。

（2）账账核对。核对不同会计账簿之间的账簿记录是否相符，包括：总账有关账户的余额核对；总账与明细账核对；总账与日记账核对；会计部门的财产物资明细账与财产物资保管和使用部门的有关明细账核对等。

（3）账实核对。核对会计账簿记录与财产等实有数额是否相等。包括：现金日记账账面余额与现金实际库存数核对；银行存款日记账账面余额定期与银行对账单核对；各种财务明细账账面余额与财务实存数额核对；各种应收、应付款明细账账面余额与有关债务、债权单位或者个人核对等。

（五）账簿的更换

总账、日记账和大部分明细账每年更换一次，但有些明细账不需要更换，如固定资产明细账或固定资产卡片等，可以跨年度连续使用，只在账户的最后余额下面划一道红线，表示已经结账，从而简化核算工作。

年度终了，需要更换新账的，对有余额的账户，其余额可直接记入下年新账，在新账第一行摘要栏内注明“上年结转”

字样，在余额栏内记入上年余额数。

七、工会会计核算程序

会计核算程序是指从填制和审核原始凭证、记账凭证，登记各种账簿到编制会计报表的全过程。

会计核算程序是做好会计工作的一个重要前提，它对于确保有条不紊地进行会计信息处理工作，提高会计工作的质量和效率，正确、及时地编制会计报表等，都起着非常重要的作用。工会一般采用记账凭证账务处理程序或科目汇总表账务处理程序。

（一）记账凭证账务处理程序

记账凭证账务处理程序，是指对发生的经济业务，要以原始凭证或原始凭证汇总表为依据编制记账凭证，根据记账凭证直接登记总分类账的一种账务处理程序。

记账凭证账务处理程序是会计核算中一种最基本的账务处理程序，其基本特征是直接根据记账凭证逐笔登记总分类账。其记账凭证可以采用收款凭证、付款凭证和转账凭证三种形式；也可以采用单一的通用记账凭证。设置的账簿主要有现金日记账、银行存款日记账、总分类账和明细分类账。

记账凭证账务处理程序的具体步骤如下。

1. 会计人员根据原始凭证填制记账凭证。

2. 出纳人员根据记账凭证或原始凭证登记现金、银行存款日记账。

3. 根据记账凭证和原始凭证登记各种明细账。

4. 根据记账凭证逐笔登记总账。

5. 总账与日记账、明细账定期核对。

6. 根据总账和有关明细账编制会计报表。

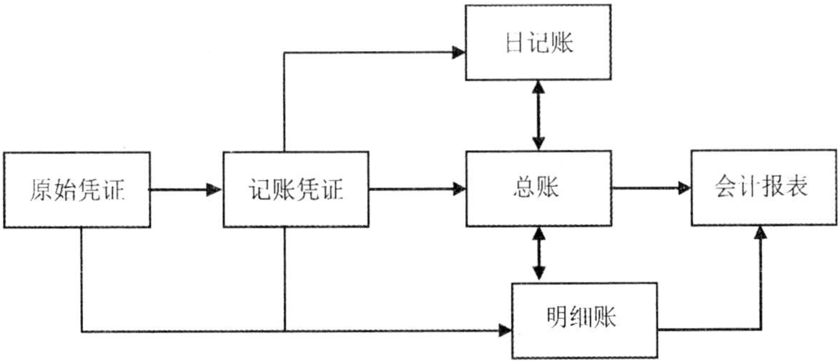

图 5-1　记账凭证账务处理程序

（二）科目汇总表账务处理程序

科目汇总表账务处理程序是指对发生的经济业务，在以原始凭证或原始凭证汇总表编制记账凭证后，根据记账凭证定期编制科目汇总表，然后再根据科目汇总表登记总账，并据此编制会计报表的一种账务处理程序。科目汇总表账务处理程序的主要特点是先将记账凭证按照相同的会计科目归类汇总，编制科目汇总表，然后根据科目汇总表登记总分类账。

科目汇总表是一种汇总的记账凭证，它将汇总本期内（如每十天或每半个月）的全部记账凭证，按照相同科目归类汇总。在科目汇总表上，每一会计科目的本期借方发生额和贷方发生额只反映汇总后的合计数。因此，根据会计科目汇总表登记总账，每一个总账账户每月最多记三笔。

科目汇总表账务处理程序的具体步骤如下。

1. 会计人员根据原始凭证填制记账凭证。

2. 出纳人员根据记账凭证或原始凭证登记现金、银行存款日记账。

3. 根据记账凭证或原始凭证登记明细账。

4. 根据记账凭证定期编制科目汇总表。

5. 根据科目汇总表登记总账。

6. 期末，总账余额与日记账、明细账的余额核对相符。

7. 期末，根据总账与有关明细账编制会计报表。

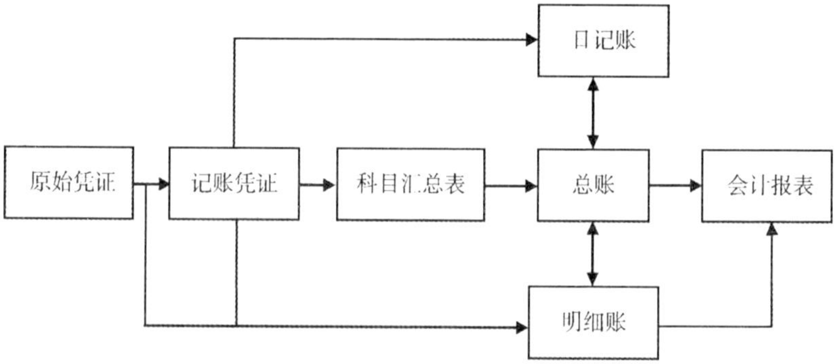

图 5-2　科目汇总表账务处理程序

以上两种方法是属于会计核算的基础理论方法，在手工核算的前提下差别较大。采用科目汇总表账务处理程序，优点是可以简化总分类账的登记工作；减轻登记总分类账的工作量；还可以起到试算平衡的作用；减少记账差错。但是在这种程序下，记账凭证经过汇总后，不能明确反映账户的对应关系；不便于分析检查经济业务的来龙去脉；不便于查对账目。这种账务处理程序一般适用于经济业务量比较大的单位。

在会计工作信息化的前提下，上述两种方法没有明确区分。在财务人员完成凭证登记后，会计信息化系统会自动完成凭证到科目的汇总以及凭证到账簿的汇总和登记。财务人员需要根据自动登记后的会计账簿编制会计报表。

第四节　工会会计基础工作规范

会计管理是财务管理的重要组成部分。工会会计工作是一项综合性很强、严密细致的经济管理工作，依据法律、法规和制度，熟悉并严格执行会计基础工作规范，规范工会会计行为，保证会计信息质量，科学合理地组织工会会计工作，对于全面完成会计工作任务，促进工会组织的健康发展具有十分重要的意义。

一、会计法规体系

会计法规是国家和地方立法机关以及中央、地方各级政府和行政部门制定颁布的管理会计工作的各种法律、法规、准则和制度等规范性文件的总称。它是以一定的会计理论为基础，根据国家的财经方针、政策，将会计工作所应遵循的各项原则和方法用法规的形式确定下来，保证会计工作按照一定的标准进行。

（一）法规类别

我国会计法规体系按各法规之间的相互关系，可分为三个层次。第一个层次是会计法律，即《会计法》。它是由全国人大常委会审议通过的，是我国会计工作的根本大法，是从事会计工作、制定其他会计法规的依据；第二个层次是会计行政法规，它是由国务院制定发布或批准发布的有关会计工作的法律规范，如《总会计师条例》、《企业财务会计报告条例》等；第三个层次是部门规章和规范性文件，它是由主管全国会计工作的行政部门即财政部，就会计工作中的某些方面内容所制定或审核批准的规章和规范性文件，如《企业会计准则——基本准则》、《工会会计制度》等。

会计法规按内容可分为四类：第一类是关于会计核算方面的法规，如《企业会计准则》、《工会会计制度》等；第二类是有关会计监督方面的法规，如《企业内部控制基本规范》；第三类是有关会计机构和会计人员方面的法规，如《总会计师条例》；第四类是会计工作管理方面的法规，如《会计档案管理办法》、《会计电算化管理办法》等。

（二）会计法

《会计法》是我国会计法律制度中层次最高的法律规范，是制定其他会计法规的依据，也是指导会计工作的最高准则。中华人民共和国成立后的第一部《会计法》是1985年1月21日第六届全国人大常委会第九次会议审议通过的，并于同年5月1日起实施。为了适应改革开放和经济发展的要求，1993年12月29日第八届全国人大常委会第五次会议通过了《关于修改会计法的决定》，对《会计法》作了第一次修正，自公布之日起施行。针对假账泛滥、会计信息失真严重等问题，1999年10月31日第九届全国人大常委会第十二次会议对《会计法》进行了修订，自2000年7月1日起实施。

由于会计工作的进一步发展，2014年正式启动新一轮的《会计法》修订工作。第十二届全国人大常委会第三十次会议于2017年11月4日审议通过了《全国人民代表大会常务委员会关于修改〈中华人民共和国会计法〉等十一部法律的决定》，以中华人民共和国主席令第八十一号公布，自2017年11月5日起施行。

修订后的《会计法》主要有以下一些重大变化。

1. 突出了规范会计行为，保证会计资料质量的立法宗旨。

2. 突出强调单位负责人对本单位会计工作和会计资料的真实性、完整性负责。

3. 进一步完善会计核算规则。

4. 对公司、企业会计核算作出了特别规定。

5. 强化了会计监督。

6. 规定国有大、中型企业必须设置总会计师。

7. 对会计从业资格管理作出了规定。

8. 加大了对会计违法的惩治力度，对单位和个人的法律责任作出具体规定，增强了可操作性。

9. 增强了与国际惯例的协调，使会计规则成为市场经济的基础规则之一。

第二次修正的《会计法》删除了关于从事会计工作的人员必须取得会计从业资格证书等规定，对会计人员应当具备从事会计工作所需要的专业能力并遵守职业道德、违法会计人员五年内不得从事会计工作或者不得再从事会计工作等作出了规定。这是贯彻“放管服”改革要求、促进会计人员管理职能转变的重要措施。

（三）会计制度

会计制度是进行会计工作所应遵循的规则、方法、程序的总称。《会计法》规定，国家实行统一的会计制度。国家统一的会计制度由国务院财政部门根据本法制定并公布。国务院有关部门可以依照本法和国家统一的会计制度，制定对会计核算和会计监督有特殊要求的行业实施国家统一的会计制度的具体办法或者补充规定，报国务院财政部门审核批准。

我国会计制度划分为三大体系，即企业会计制度体系、民间非营利组织会计制度体系和预算会计制度体系。工会会计属于预算会计制度体系，此类别会计活动围绕着收入、支出进行，这些单位没有利润指标，保证预算资金的正常运行，促进单位顺利履行职责，是会计活动的首要目标。

（四）工会会计管理遵循的法律法规和制度

根据工会经费独立管理的原则，依据《工会法》和《会计法》，新《工会会计制度》在全国工会系统实施后，全国总工会以贯彻落实新《工会会计制度》为契机，对现行的工会财务会计规章制度进行了全面修订，并根据当前工会财务工作的实际需要，进一步健全完善工会财务会计制度体系，相继修订了《工会预算管理办法》、《基层工会经费收支管理办法》等制度，并出台了《工会财务会计管理规范》等一系列新的制度规定。各省级工会结合本地实际制定了具体实施办法和实施细则，完善了各项财务规章制度。

各级工会应当按照《工会法》、《会计法》、《行政单位会计制度》、财政部关于《会计基础工作规范》的相关规定，以及《工会会计制度》的规定要求，规范工会会计工作：设置会计人员，进行会计核算，填制会计凭证、登记会计账簿、编制财务会计报告。各单位应当建立财务收支审批制度和会计人员岗位责任制。

二、工会会计机构

（一）会计工作管理部门

《会计法》规定，国务院财政部门主管全国的会计工作，县级以上地方各级人民政府财政部门管理本行政区域内的会计工作。这就规定了会计工作由财政部门主管并明确在管理体制上实行“统一领导、分级管理”的原则。财政部门依照《会计法》的规定对工会的财务会计工作进行管理和监督。

对会计工作的管理，除了发挥财政部门的作用外，还要发挥业务主管部门的作用。各级工会依照《工会法》和有关法规政策等的规定，对下级工会的财务会计工作进行指导和监督。各级工会委员会向同级会员大会或者会员代表大会负责并报告工作，接受其监督。

（二）工会会计机构的设置

工会会计机构是工会组织管理工会会计工作，办理会计事务的职能部门。建立健全会计机构，配备与工作要求相适应、具有一定素质和数量的会计人员，是做好会计工作、充分发挥会计职能作用的重要前提条件。

《工会会计制度》第十二条明确规定，县级以上工会应当设置会计机构，配备专职会计人员。基层工会应当根据会计业务的需要设置会计机构或者在有关机构中设置会计人员并指定会计主管人员；不具备设置条件的，应当委托经批准设立从事代理记账业务的中介机构代理记账。

（三）工会会计机构管理

1. 会计制度建设。

各级工会组织可以结合所在单位类型以及工会组织管理的需要，建立健全相应的内部会计管理制度。各单位制定内部会计管理制度应当遵循下列原则：

（1）应当执行法律、法规和国家统一的财务会计制度。

（2）应当体现本单位的生产经营、业务管理的特点和要求。

（3）应当全面规范本单位的各项会计工作，建立健全会计基础，保证会计工作有序进行。

（4）应当科学、合理，便于操作和执行。

（5）应当定期检查执行情况。

（6）应当根据管理需要和执行中的问题不断完善。

2. 会计管理体系建设。

各单位应当建立内部会计管理体系。主要内容包括：单位领导人、总会计师对会计工作的领导职责；会计部门及其会计机构负责人、会计主管人员的职责和权限；会计部门与其他职能部门的关系；会计核算的组织形式等。

各单位应当建立稽核制度。主要内容包括：稽核工作的组织形式和具体分工；稽核工作的职责和权限；审核会计凭证和复核会计账簿、会计报表的方法。

3. 会计工作管理制度建设。

（1）各单位应当建立原始记录管理制度。主要内容包括：原始记录的内容和填制方法；原始记录的格式；原始记录的审核；原始记录填制人的责任；原始记录签署、传递、汇集要求。

（2）除此之外，各级工会组织还应该结合单位的实际情况和管理需要，建立定额管理制度、计量验收制度、财产清查制度、财务收支审批制度、成本核算制度和财务会计分析制度等管理制度。

三、工会会计人员管理

（一）会计人员

会计人员是指根据《会计法》的规定，在国家机关、社会团体、企业、事业单位和其他组织（以下统称单位）中从事会计核算、实行会计监督等会计工作的人员。会计人员包括从事下列具体会计工作的人员：

1. 出纳；
2. 稽核；
3. 资产、负债和所有者权益（净资产）的核算；
4. 收入、费用（支出）的核算；
5. 财务成果（政府预算执行结果）的核算；
6. 财务会计报告（决算报告）编制；
7. 会计监督；
8. 会计机构内会计档案管理；
9. 工资核算、往来结算等其他会计工作。

担任单位会计机构负责人（会计主管人员）、总会计师的人员，属于会计人员。

（二）会计人员的从业要求

1. 对从业人员的要求。

会计人员从事会计工作，应当符合下列要求：

（1）遵守《会计法》和国家统一的会计制度等法律法规。

（2）具备良好的职业道德。

（3）按照国家有关规定参加继续教育，参加会计业务的培训。

（4）具备从事会计工作所需要的专业能力。会计人员应当具有会计类专业知识，基本掌握会计基础知识和业务技能，能够独立处理基本会计业务。

2. 对单位的要求。

（1）单位应当根据国家有关法律法规和《会计人员管理办法》有关规定，判断会计人员是否具备从事会计工作所需要的专业能力。

（2）单位应当根据《会计法》等法律法规和《会计人员管理办法》有关规定，结合会计工作需要，自主任用（聘用）会计人员。

（3）各单位应当合理安排会计人员的培训，保证会计人员每年有一定时间用于学习和参加培训。

（4）单位任用（聘用）的会计机构负责人（会计主管人员）、总会计师，应当符合《会计法》、《总会计师条例》等法律法规和《会计人员管理办法》有关规定。

（5）各单位应当根据会计业务需要配备会计人员，单位应当对任用（聘用）的会计人员及其从业行为加强监督和管理，督促其遵守职业道德和国家统一的会计制度。

（6）因发生与会计职务有关的违法行为被依法追究刑事责任的人员，单位不得任用（聘用）其从事会计工作。因违反《会计法》有关规定受到行政处罚五年内不得从事会计工作的人员，处罚期届满前，单位不得任用（聘用）其从事会计工作。

（7）单位应当根据有关法律法规、内部控制制度要求和会计业务需要设置会计岗位，明确会计人员职责权限。

（8）各单位领导人应当支持会计机构、会计人员依法行使职权。

(9) 单位设置会计机构，应当配备会计机构负责人；在有关机构中配备专职会计人员，应当在专职会计人员中指定会计主管人员。

(三) 会计机构负责人的任职条件

根据《会计基础工作规范》规定，会计机构负责人、会计主管人员的任免，应当符合《会计法》和有关法律的规定。会计机构负责人、会计主管人员应当具备下列基本条件：

1. 坚持原则，廉洁奉公；

2. 具备会计师以上专业技术职务资格或者从事会计工作不少于三年；

3. 熟悉国家财经法律、法规、规章和方针、政策，掌握本行业业务管理的有关知识；

4. 有较强的组织能力；

5. 身体状况能够适应本职工作的要求。

(四) 会计岗位设置

各单位应当根据会计业务需要设置会计工作岗位，会计工作岗位一般可分为：会计机构负责人或者会计主管人员、出纳、财产物资核算、工资核算、成本费用核算、财务成果核算、资金核算、往来结算、总账报表、稽核、档案管理等。开展会计电算化和管理会计的单位，可以根据需要设置相应工作岗位，也可以与其他工作岗位相结合。

会计岗位设置以及人员配置应注意以下事项：

1. 会计工作岗位，可以一人一岗、一人多岗或者一岗多人。但出纳人员不得兼管稽核、会计档案保管和收入、费用、债权债务账目的登记工作。

2. 会计人员的工作岗位应当有计划的进行轮换。

3. 国家机关、国有企业和事业单位任用会计人员应当实行回避制度。单位领导人的直系亲属不得担任本单位的会计机构负责人、会计主管人员。会计机构负责人、会计主管人员的直系亲属不得在本单位会计机构中从事出纳工作。需要回避的直系亲属为：夫妻关系、直系血亲关系、三代以内旁系血亲以及配偶亲关系。

（五）会计人员职业道德

随着改革开放的不断深入和社会经济的高质量发展，我国会计职业活动的内容越来越广泛和丰富，会计在经济管理中的职能作用也在不断扩展和深化，会计职业活动从传统的记账、算账、报账、核账、查账等，逐步延伸到价值管理、资本运营、风险控制、决策支持等多个方面，社会经济发展也对承担更多责任的会计人员的职业道德提出了更高要求，会计职业道德建设同时也是社会主义职业道德体系建设的重要组成部分。因此，要按照新时代社会主义职业道德建设的新要求和会计职业发展的新变化，建立健全会计职业道德规范体系，全面提升会计人员的道德素养，不断提高会计信息质量，促进会计工作更好地服务社会经济发展。会计人员应当遵守以下职业道德：

1. 会计人员在会计工作中应当遵守职业道德，树立良好的职业品质、严谨的工作作风，严守工作纪律，努力提高工作效率和工作质量。

2. 会计人员应当热爱本职工作，努力钻研业务，使自己的知识和技能适应所从事工作的要求。

3. 会计人员应当熟悉财经法律、法规、规章和国家统一会计制度，并结合会计工作进行广泛宣传。

4. 会计人员应当按照会计法律、法规和国家统一会计制度规定的程序和要求进行会计工作，保证所提供的会计信息合法、真实、准确、及时、完整。

5. 会计人员办理会计事务应当实事求是、客观公正。

6. 会计人员应当熟悉本单位的生产经营和业务管理情况，运用掌握的会计信息和会计方法，为改善单位内部管理、提高经济效益服务。

7. 会计人员应当保守本单位的商业秘密。除法律规定和单位领导同意外，不能私自向外界提供或者泄露单位的会计信息。财政部门、业务主管部门和各单位应当定期检查会计人员遵守职业道德的情况，并作为会计人员晋升、晋级、聘任专业职务、表彰奖励的重要考核依据。

会计人员违反职业道德的，由所在单位进行处理。

（六）会计人员管理制度

各级工会组织应结合本单位的实际情况，制定适合本单位情况的会计人员管理制度。具体包括如下内容：

1. 岗位责任制。各单位应当建立会计人员岗位责任制度。主要内容包括：会计人员的工作岗位设置；各会计工作岗位的职责和标准；各会计工作岗位的人员和具体分工；会计工作岗位轮换办法；对各会计工作岗位的考核办法。

2. 内部牵制制度。各单位应当建立内部牵制制度。主要内容包括：内部牵制制度的原则；组织分工；出纳岗位的职责和限制条件；有关岗位的职责和权限。

（七）财会人员的奖惩

工会及其领导干部要支持会计人员履行工作职责，保证会计人员依法行使其工作权利，任何人不得打击报复会计人员。对于坚持原则、忠于职守、廉洁奉公并取得显著成绩的会计人员，要给予精神或物质奖励；对于不负责任、造成损失或违反法律法规、财经纪律或财务制度的会计人员，要进行批评、教育或依法依规进行处罚。

（八）会计工作交接

工会会计人员因工作调动或因故离职，必须及时配备会计人员接管，并按规定办理交接手续。

1. 会计工作移交要求。

（1）会计人员因工作调动或者因故离职，必须将本人所经管的会计工作全部移交给接替人员。没有办清交接手续的，不得调动或者离职。

（2）接替人员应当认真接管移交工作，并继续办理移交的未了事项。

（3）会计人员办理交接手续时，必须有监交人负责监交。一般会计人员交接，由单位会计机构负责人、会计主管人员负责监交；会计机构负责人、会计主管人员交接，由单位领导人负责监交，必要时可由上级主管部门派人会同监交。

（4）单位撤销时，必须留有必要的会计人员，会同有关人员办理清理工作，编制决算。未移交前，不得离职。接收单位和移交日期由主管部门确定。单位合并、分立的，其会计工作交接手续比照上述有关规定办理。

（5）会计人员临时离职或者因病不能工作且需要接替或者代理的，会计机构负责人、会计主管人员或者单位领导必须指定有关人员接替或者代理，并办理交接手续。临时离职或者因病不能工作的会计人员恢复工作的，应当与接替或者代理人员办理交接手续。移交人员因病或者由于其他特殊原因不能亲自办理移交的，经单位领导批准，可由移交人员委托他人代办移交，但委托人应当对所移交的会计凭证、会计账簿、会计报表和其他有关资料的合法性、真实性承担法律责任。

2. 移交前的准备工作。

（1）已经受理的经济业务尚未填制会计凭证的，应当填制完毕。

（2）尚未登记的账目，应当登记完毕，并在最后一笔余额后加盖经办人员印章。

（3）整理应该移交的各项资料，对未了事项写出书面材料。

（4）编制移交清册，列明应当移交的会计凭证、会计账簿、会计报表、印章、现金、有价证券、支票簿、发票、文件、其他会计资料和物品等内容。实行会计电算化的工会，从事该项工作的移交人员还应当在移交清册中列明会计软件及密码、会计软件数据磁盘（磁带等）及有关资料、实物等内容。

3. 移交过程中的工作。

移交人员在办理移交时，要按移交清册逐项移交；接替人员要逐项核对点收。具体包括如下事项：

（1）现金、有价证券要根据会计账簿有关记录进行点交。库存现金、有价证券必须与会计账簿记录保持一致。不一致时，移交人员必须限期查清。

（2）会计凭证、会计账簿、会计报表和其他会计资料必须完整无缺。如有短缺，必须查清原因，并在移交清册中注明，由移交人员负责。

（3）银行存款账户余额要与银行对账单核对，如不一致，应当编制银行存款余额调节表，调节相符。各种财产物资和债权债务的明细账户余额要与总账有关账户余额核对相符。必要时，要抽查个别账户的余额，与实物核对相符，或者与往来单位、个人核对清楚。

（4）移交人员经管的票据、印章和其他实物等，必须交接清楚。移交人员从事会计电算化工作的，要对有关电子数据在实际操作状态下进行交接。

（5）会计机构负责人、会计主管人员移交时，还必须将全部财务会计工作、重大财务收支和会计人员的情况等，向接替人员详细介绍。对需要移交的遗留问题，应当写出书面材料。

（6）交接完毕后，交接双方和监交人员要在移交清册上签名或者盖章，并应在移交清册上注明单位名称，交接日期，交接双方和监交人员的职务、姓名，移交清册页数以及需要说明的问题和意见等。移交清册一般应当填制一式三份，交接双方各执一份，存档一份。

4. 移交后的有关工作。

（1）接替人员应当继续使用移交的会计账簿，不得自行另立新账，以保持会计记录的连续性。

（2）移交人员对所移交的会计凭证、会计账簿、会计报表和其他有关资料的合法性、真实性承担法律责任。

四、工会会计档案的管理

工会会计档案是指各级工会组织在进行会计核算等过程中接收或形成的，记录和反映本单位经济业务事项的，具有保存价值的文字、图表等各种形式的会计资料，包括通过计算机等电子设备形成、传输和存储的电子会计档案。各级工会组织的会计档案的管理按照财政部发布的《会计档案管理办法》执行。

（一）会计档案管理要求

1. 树立会计档案管理意识。

各级工会组织应当加强会计档案管理工作，建立和完善会计档案的收集、整理、保管、利用和鉴定销毁等管理制度，采取可靠的安全防护技术和措施，保证会计档案的真实、完整、可用、安全。

2. 会计档案管理形式。

单位可以利用计算机、网络通信等信息技术手段管理会计档案。同时满足下列条件的，单位内部形成的属于归档范围的电子会计资料可仅以电子形式保存，形成电子会计档案：

（1）形成的电子会计资料来源真实有效，由计算机等电子设备形成和传输；

（2）使用的会计核算系统能够准确、完整、有效接收和读取电子会计资料，能够输出符合国家标准归档格式的会计凭证、会计账簿、财务会计报表等会计资料，设定了经办、审核、审批等必要的审签程序；

（3）使用的电子档案管理系统能够有效接收、管理、利用电子会计档案，符合电子档案的长期保管要求，并建立了电子会计档案与相关联的其他纸质会计档案的检索关系；

（4）采取有效措施，防止电子会计档案被篡改；

（5）建立电子会计档案备份制度，能够有效防范自然灾害、意外事故和人为破坏的影响；

（6）形成的电子会计资料不属于具有永久保存价值或者其他重要保存价值的会计档案。

3. 会计档案归档责任人。

各级工会组织的会计机构或会计人员所属机构按照归档范围和归档要求，负责定期将应当归档的会计资料整理立卷，编制会计档案保管清册。单位委托中介机构代理记账的，应当在签订的书面委托合同中，明确会计档案的管理要求及相应责任。

（二）会计档案的内容

下列会计资料应当进行归档：

1. 会计凭证，包括原始凭证、记账凭证；

2. 会计账簿，包括总账、明细账、日记账、固定资产卡片及其他辅助性账簿；

3. 财务会计报告，包括月度、季度、半年度、年度财务会计报告；

4. 其他会计资料，包括银行存款余额调节表、银行对账单、纳税申报表、会计档案移交清册、会计档案保管清册、会计档案销毁清册、会计档案鉴定意见书及其他具有保存价值的会计资料。

常见的工会会计档案包括会计凭证、会计账簿、会计报表、经济合同、重要审批文件、会计人员交接清单、会计档案销毁清册等。

（三）会计档案管理机构

1. 常规情况。

《会计档案管理办法》规定“单位的档案机构或者档案工作人员所属机构负责管理本单位的会计档案”。基层工会组织可以自行管理会计档案或者委托所在单位档案管理部门管理工会会计档案。县级以上工会组织一般自行管理本单位会计档案。自行保管会计档案的，应配备财务专用档案室（柜），专人负责，统一管理工会会计档案。一般由工会主管会计负责会计档案的整理、立卷、保管、调阅和销毁工作。会计档案不得私人保管。

2. 特殊情况。

遇工会组织合并、撤销、分立等情况的按照以下原则处理：

（1）单位因撤销、解散、破产或其他原因而终止的，在终止或办理注销登记手续之前形成的会计档案，按照国家档案管理的有关规定处置。

（2）单位分立后原单位存续的，其会计档案应当由分立后的存续方统一保管，各方可以查阅、复制与其业务相关的会计档案。

单位分立后原单位解散的，其会计档案应当经各方协商后由其中一方代管或按照国家档案管理的有关规定处置，各方可以查阅、复制与其业务相关的会计档案。单位分立中未结清的会计事项所涉及的会计凭证，应当单独抽出由业务相关方保存，并按照规定办理交接手续。

单位因业务移交其他单位办理所涉及的会计档案，应当由原单位保管，承接业务单位可以查阅、复制与其业务相关的会计档案。对其中未结清的会计事项所涉及的会计凭证，应当单独抽出由承接业务单位保存，并按照规定办理交接手续。

（3）单位合并后原各单位解散或者一方存续其他方解散的，原各单位的会计档案应当由合并后的单位统一保管。单位合并后原各单位仍存续的，其会计档案仍应当由原各单位保管。

（四）会计档案移交

1. 移交时限。

（1）当年形成的会计档案，在会计年度终了后，可由单位会计管理机构临时保管一年，再移交单位档案管理机构保管。

（2）因工作需要确需推迟移交的，应当经单位档案管理机构同意。

（3）单位会计管理机构临时保管会计档案最长不超过三年。

（4）临时保管期间，会计档案的保管应当符合国家档案管理的有关规定，且出纳人员不得兼管会计档案。

2. 移交规则。

（1）单位会计管理机构在办理会计档案移交时，应当编制会计档案移交清册，并按照国家档案管理的有关规定办理移交手续。

（2）纸质会计档案移交时，应当保持原卷的封装。电子会计档案移交时，应当将电子会计档案及其元数据一并移交，且文件格式应当符合国家档案管理的有关规定。特殊格式的电子会计档案应当与其读取平台一并移交。

（3）单位档案管理机构接收电子会计档案时，应当对电子会计档案的准确性、完整性、可用性、安全性进行检测，符合要求的才能接收。

（4）建设单位在项目建设期间形成的会计档案，需要移交给建设项目接收单位的，应当在办理竣工财务决算后及时移交，并按照规定办理交接手续。

（五）会计档案交接手续

会计档案移交应建立交接制度明确交接手续，单位内部档案移交按照单位内部档案管理制度进行。单位之间交接会计档案时，交接双方应当办理会计档案交接手续。单位之间交接会计档案手续如下：

1. 移交会计档案的单位，应当编制会计档案移交清册，列明应当移交的会计档案名称、卷号、册数、起止年度、档案编号、应保管期限和已保管期限等内容。

2. 交接会计档案时，交接双方应当按照会计档案移交清册所列内容逐项交接，并由交接双方的单位有关负责人负责监督。交接完毕后，交接双方经办人和监督人应当在会计档案移交清册上签名或盖章。

3. 电子会计档案应当与其元数据一并移交，特殊格式的电子会计档案应当与其读取平台一并移交。档案接收单位应当对保存电子会计档案的载体及其技术环境进行检验，确保所接收电子会计档案的准确、完整、可用和安全。

（六）会计档案保管

1. 保管期限。会计档案的保管期限分为永久、定期两类。定期保管期限一般分为 10 年和 30 年。基层工会按照所在单位的性质选择档案管理年限，所在单位为企业和其他组织的，保管期限按照表 5-10 执行，所在单位为行政单位和事业单位的，保管期限按照表 5-11 执行。工会组织为县级以上工会机关的，保管期限见表 5-11。实行工会经费税务代收且相关账簿单独核算的，可以按照表 5-11 税收会计执行，未单独核算的按照表 5-11 行政单位执行。县级以上工会组织涉及汇总预算、汇总决算等形成的会计档案，可以按照表 5-11 财政总预算中相关的档案类别执行。

表 5-10　企业和其他组织会计档案保管期限表

序号	档案名称	保管期限	备注
一	会计凭证		
1	原始凭证	30 年	
2	记账凭证	30 年	
二	会计账簿		
3	总账	30 年	
4	明细账	30 年	
5	日记账	30 年	
6	固定资产卡片		固定资产报废清理后保管 5 年
7	其他辅助性账簿	30 年	
三	财务会计报告		
8	月度、季度、半年度财务会计报告	10 年	
9	年度财务会计报告	永久	
四	其他会计资料		
10	银行存款余额调节表	10 年	
11	银行对账单	10 年	
12	纳税申报表	10 年	
13	会计档案移交清册	30 年	
14	会计档案保管清册	永久	
15	会计档案销毁清册	永久	
16	会计档案鉴定意见书	永久	

表 5-11　财政总预算、行政单位、事业单位和税收会计档案保管期限表

序号	档案名称	保管期限			备注
		财政总预算	行政单位、事业单位	税收会计	
一	会计凭证				
1	国家金库编送的各种报表及缴库退库凭证	10 年		10 年	
2	各收入机关编送的报表	10 年			
3	行政单位和事业单位的各种会计凭证		30 年		包括：原始凭证、记账凭证和传票汇总表
4	财政总预算拨款凭证和其他会计凭证	30 年			包括：拨款凭证和其他会计凭证
二	会计账簿				
5	日记账		30 年	30 年	
6	总账	30 年	30 年	30 年	
7	税收日记账（总账）			30 年	
8	明细分类、分户账或登记簿	30 年	30 年	30 年	
9	行政单位和事业单位固定资产卡片				固定资产报废清理后保管 5 年
三	财务会计报告				
10	政府综合财务报告	永久			下级财政、本级部门和单位报送的保管 2 年
11	部门财务报告		永久		所属单位报送的保管 2 年
12	财政总决算	永久			下级财政、本级部门和单位报送的保管 2 年

续表

序号	档案名称	保管期限			备注
		财政总预算	行政单位、事业单位	税收会计	
13	部门决算		永久		所属单位报送的保管2年
14	税收年报（决算）			永久	
15	国家金库年报（决算）	10年			
16	基本建设拨、贷款年报（决算）	10年			
17	行政单位和事业单位会计月、季度报表		10年		所属单位报送的保管2年
18	税收会计报表			10年	所属税务机关报送的保管2年
四	其他会计资料				
19	银行存款余额调节表	10年	10年		
20	银行对账单	10年	10年	10年	
21	会计档案移交清册	30年	30年	30年	
22	会计档案保管清册	永久	永久	永久	
23	会计档案销毁清册	永久	永久	永久	
24	会计档案鉴定意见书	永久	永久	永久	

2. 保管期起算点。会计档案的保管期限，从会计年度终了后的第一天算起。

3. 单位会计档案的具体名称如有同表5-10、表5-11所列档案名称不相符的，应当比照类似档案的保管期限办理。

（七）会计档案调阅

1. 妥善管理。

单位应当严格按照相关制度利用会计档案，在进行会计档案查阅、复制、借出时办理登记手续，严禁篡改和损坏。会计档案借用单位应当妥善保管和利用借入的会计档案，确保借入会计档案的安全完整，并在规定时间内归还。

2. 谨慎外借。

单位保存的会计档案一般不得对外借出。确因工作需要且根据国家有关规定必须借出的，应当严格按照规定办理相关手续。单位的会计档案及其复制件需要携带、寄运或者传输至境外的，应当按照国家有关规定执行。

（八）会计档案的销毁

1. 销毁的前置程序。

（1）各级工会组织应当定期对已到保管期限的会计档案进行鉴定，并形成会计档案鉴定意见书。经鉴定，仍需继续保存的会计档案，应当重新划定保管期限；对保管期满、确无保存价值的会计档案，可以销毁。

（2）会计档案鉴定工作应当由单位档案管理机构牵头，组织单位会计、审计、纪检监察等机构或人员共同进行。

2. 销毁程序。

经鉴定可以销毁的会计档案，应当按照以下程序销毁：

（1）单位档案管理机构编制会计档案销毁清册，列明拟销毁会计档案的名称、卷号、册数、起止年度、档案编号、应保管期限、已保管期限和销毁时间等内容。

（2）单位负责人、档案管理机构负责人、会计管理机构负责人、档案管理机构经办人、会计管理机构经办人在会计档案销毁清册上签署意见。

（3）单位档案管理机构负责组织会计档案销毁工作，并与会计管理机构共同派员监销。监销人在会计档案销毁前，应当按照会计档案销毁清册所列内容进行清点核对；在会计档案销毁后，应当在会计档案销毁清册上签名或盖章。

（4）电子会计档案的销毁应当符合国家有关电子档案的规定，并由单位档案管理机构、会计管理机构和信息系统管理机构共同派员监销。

3. 注意事项。

档案销毁遇有特殊情况的不得销毁或者单独立卷，具体如下：

（1）保管期满但未结清的债权债务会计凭证和涉及其他未了事项的会计凭证不得销毁，纸质会计档案应当单独抽出立卷，电子会计档案单独转存，保管到未了事项完结时为止。

（2）单独抽出立卷或转存的会计档案，应当在会计档案鉴定意见书、会计档案销毁清册和会计档案保管清册中列明。

五、会计信息化

（一）会计信息化工作规范

会计信息化，是指利用计算机、网络通信等现代信息技术手段开展会计核算，以及利用上述技术手段将会计核算与其他经营管理活动有机结合的过程。会计信息系统，是指由会计软件及其运行所依赖的软硬件环境组成的集合体。

为推动企业会计信息化，节约社会资源，提高会计软件和相关服务质量，规范信息化环境下的会计工作，财政部先后出台了《会计电算化工作规范》、《企业会计信息化工作规范》等。各级工会组织会计信息化工作基本规范比照行政事业单位执行。

《工会会计制度》第十五条明确提出，工会应当重视并不断推进会计信息化的应用。工会开展会计信息化工作，应当符合财政部制定的相关会计信息化工作规范和标准，确保利用现代信息技术手段进行会计处理及生成的会计信息符合会计法和《工会会计制度》的规定。

（二）工会组织推进会计信息化工作的要求

1. 总体要求。

（1）配备电子计算机和会计软件。电子计算机和会计软件是实现会计信息化的重要物质基础，各级工会可根据实际情况和今后的发展目标，投入一定的财力，以保证会计信息化工作的正常进行。

（2）合理建设。工会组织应根据实际情况和财力状况，选择与本工会会计电算化工作规划相适应的软件硬件设备，合理确定建设内容，避免投资浪费。

（3）软件的整体要求。配备会计软件，应当根据自身技术力量以及业务需求，考虑软件功能、安全性、稳定性、响应速度、可扩展性等要求，合理选择软件产品。系统数据服务器的部署、数据的备份等应当符合国家有关规定。具备条件的工会组织，可充分依托现有的网络技术，做到信息资源共享和会计数据实时处理。

2. 软件技术要求。

工会组织选择的会计软件应具备以下基本条件：

（1）应该使用标准化软件。工会组织使用的会计软件应当保障各级工会组织按照国家统一会计准则制度开展会计核算，不得有违背国家统一会计准则制度的功能设计。

（2）会计记账文字应该采用中文。会计软件的界面应当使用中文并且提供对中文处理的支持，在民族自治地区可以同时使用少数民族文字界面对照和处理支持。

（3）使用的科目体系符合国家规定。会计软件应当提供符合国家统一会计准则制度的会计科目分类和编码功能。

（4）软件功能符合国家规定。会计软件应当提供符合国家统一会计准则制度的会计凭证、账簿和报表的显示和打印功能，记账凭证的连续编号，不得提供对已记账凭证日期、金额、科目和操作人员的修改功能等。

（5）会计软件应当具有符合国家统一标准的数据接口，满足外部会计监督需要。

（6）会计软件应当具有会计资料归档功能，提供导出会计档案的接口，在会计档案存储格式、数据采集、真实性与完整性保障方面，符合国家有关电子文件归档与电子档案管理的要求。

（7）会计软件应当记录生成用户操作日志，确保日志的安全、完整，提供按操作人员、操作时间和操作内容查询日志的功能，并能以简单易懂的形式输出。

（8）其他财政部门规定的相关会计信息化规范和标准要求。

3. 管理要求。

开展会计电算化的单位应根据工作需要，建立健全包括会计电算化岗位责任制、会计电算化操作管理制度、计算机硬件和软件及数据管理制度、电算化会计档案管理制度的会计电算化内部管理制度，保证会计电算化工作的顺利开展。

（1）建立健全会计电算化岗位责任制，要明确各个工作岗位的职责范围，切实做到事事有人管、人人有专责，办事有要求、工作有检查。

（2）建立会计电算化操作管理制度。

（3）建立健全计算机硬件和软件及数据管理制度，包括：保证机房设备安全和计算机正常运行是进行会计电算化的前提条件。要经常对有关设备进行保养，保持机房和设备的整洁，防止意外事故的发生。确保会计数据和会计软件的安全保密，防止对数据和软件的非法修改和删除；对磁性介质存放的数据要保存双备份。对正在使用的会计核算软件进行修改、对通用会计软件进行升级和计算机硬件设备进行更换等工作，要有一定的审批手续；在软件修改、升级和硬件更换过程中，要保证实际会计数据的连续和安全，并由有关人员进行监督。健全计算机硬件和软件出现故障时进行排除的管理措施，保证会计数据的完整性。健全必要的防治计算机病毒的措施。

思考题：

1. 《工会会计制度》的基本内容是什么？
2. 工会会计基础工作规范包括哪些方面？
3. 工会经费独立核算的要求有哪些？

第六章　工会财务监督

第一节　工会财务监督概述

一、工会财务监督的概念

工会财务监督是指各级工会财务主管部门根据国家有关法律、法规和工会财务制度，运用一定的监督方法对本级机关和所属单位及下一级工会的财务活动进行的监督检查。

二、工会财务监督的目的

工会财务监督的目的在于督促各级工会严格执行国家财经法律、法规和全国总工会制度的规定，促进各级工会健全完善工会财务内部控制制度体系，规范各级工会及其所属企事业单位的财务行为，纠正各级工会财务管理中存在的突出问题，防范工会财务运行风险，确保国家重大方针政策与全国总工会的重点工作在各级工会贯彻落实，确保各级工会正确履行职责，确保各级工会经济运行安全、有序、高效，提高各级工会财务管理服务工会全局的能力和水平，让更多的工会经费直接服务职工群众，让广大职工有更多的获得感。

三、工会财务监督的层级划分与职责

按照《中华全国总工会办公厅关于印发〈工会财务监督暂

行办法〉的通知》要求，工会财务监督实行“统一领导、分级负责、下管一级”的工作体制。全国总工会财务管理部门统一领导全国工会系统的财务监督工作，省级以下工会财务部门负责组织和实施本级财务监督工作。

1. 全国总工会统一领导全国工会系统的财务监督检查工作。根据全国总工会书记处的授权，全国总工会财务部负责制定工会财务监督检查制度规定，定期对省级工会本级及其所属企事业单位进行监督检查，指导省级工会做好对下级工会的财务监督检查工作。主要职责：（1）研究制定工会财务监督制度，并对省级工会制定的财务制度进行备案管理；（2）制定全国总工会年度财务监督工作计划；（3）对全国总工会本级所属单位、在京中央企业工会进行财务监督；（4）对省级工会进行财务监督；（5）承担全国总工会本级内部控制制度建设的相关工作；（6）开展工会财务监督理论研究；（7）其他财务监督相关工作。

2. 省级工会财务管理部门负责管理和指导管辖范围内各级工会的财务监督工作。主要职责：（1）根据全国总工会有关制度，研究制定本级工会财务监督实施细则，并对下一级工会制定的财务制度进行备案管理；（2）制定省级工会年度财务监督工作计划；（3）对本级所属单位和下一级工会进行财务监督，并向全国总工会报告年度财务监督工作情况；（4）承担省级工会交办的其他财务监督相关工作。

3. 省级（不含）以下工会财务管理部门根据省级工会财务监督实施细则，组织实施本级和下一级工会财务监督。

4. 基层工会要按照《内部控制工作规范》的要求，健全完善本单位内部控制制度体系，加强财务管理制度建设，健全完善并严格执行财务管理制度，积极支持配合上级工会财务监督。

第二节　工会财务监督的原则和主要内容

一、工会财务监督的原则

（一）依法监督原则

依法监督原则是指各级工会财务监督检查应以国家各项方针政策、法律法规和全国总工会各项财务制度规定为依据。从事工会财务监督工作的主体是工会各级财务部门，监督工作要按照相关财务监督管理制度的规定、程序进行，采取合法合规的方式。各级工会财务人员要全面掌握国家法律法规和财务制度，始终以客观公正、实事求是的态度进行监督工作，依法办事。在财务监督的权限内，对存在的问题谨慎对待、反复检查，对应该会同其他部门共同检查、移交处理的问题要积极联系相关部门。既要以事实为依据，以法律为准绳，坚决查处、纠正一切违反财务制度的行为，也要做到公正合理、程序规范、定量准确、定性适度。

（二）常态化和多元化原则

常态化原则是指工会财务监督工作应持久、稳定的进行，实现对工会财务活动的全覆盖，进行动态化、长期化、制度化的监督。各级工会财务部门是财务监督的主体，要落实好主体责任，提高对财务监督工作的重视，强化政策导向，建立健全监督制度，培养财务监督人才。督促、指导本级和下级工会不断完善内部控制，加强工会经费绩效评价制度和评估指标建设，强化资金使用效益意识。

多元化原则是要从多种角度，以多种方式对工会财务活动进行全面、系统、有效的监督。将财务监督的事前、事中和事后监督相结合，专业监督与群众监督相结合，日常监督与专项监督相结合，做到上下配合、内外结合。工会财务部门不仅要做好财务检查、财务审批等职能监督，也要配合好外部和内部纪检部门组织的专项监督，重视工会经费审查委员会的审计监督成果，发挥各种监督的合力作用。

鉴于财务活动是一个持续不断的过程，工会财务监督不能是一种临时性的措施，它必须贯穿于财务管理活动的始终，贯穿于工会财务活动的各个环节、各个方面。要实现对财务活动的全程监控，稳定监督状态，不能时松时紧、时有时无，应做到时时有监督、处处有监督。只要有财务活动，就要有财务监督，才能发现财务管理工作中的缺陷，防控廉政风险，应对不断变化的管理情况，使各级工会收好、管好、用好工会经费。

（三）事前、事中和事后监督相结合原则

财务监督分事前、事中和事后监督。事前监督就是在经济活动开始之前，工会经费审查监督组织在制定计划、进行可行性研究过程中，对各级工会及所属企事业单位预算编制进行的审核，主要是保证正确的编制预算，防止违反财务制度现象，制定一个既科学又符合实际的财务收支计划；事中监督是在预算执行过程中进行的监督检查，主要针对是否按照预算合理使用资金，发现问题及时纠正；事后监督是对预算执行结果的审查监督，纠正错误，总结经验，查处违法违纪行为。

（四）有效性原则

有效性原则是指工会财务监督要有效率、有效果，能够真正发挥改善工会财务管理工作，提高财务管理质量的作用。有效率是指要根据相应的情况报告和收集的信息，及时、迅速的实施监督行为，发现问题，查明真相，预防或查办各种违规行为，做到发现、检查、处理及时。有效果则是指在监督过程中，能实现财务监督的制约性与促进性作用。

制约性作用是要通过监督，保证上级工会财务政策和制度的贯彻执行，提高各级工会领导和财务人员的遵纪守法意识，维护工会财经纪律和各项规章制度的严肃性，从而有效制止和约束工会财务活动中的贪污舞弊、弄虚作假、奢侈浪费等违规违纪行为。促进性作用是通过监督对工会财务管理工作进行综合性评价，指出其合理的、有效率的方面，同时指出其不合理、无效率的方面及存在的问题，并提出相应的解决措施和办法。

提高对财务监督结果的分析和利用，将现阶段的监督得到的财务数据与过去各个阶段的财务数据进行对比，找到各级工会财务管理的优势方面和薄弱环节，对工会财务工作的改进方向和管理风险进行科学预测，使监督成果对工会财务管理建设真正起到作用。

（五）原则性与灵活性相结合

在财务监督工作中，还应坚持原则性与灵活性相结合的原则。原则性是指要严格按照国家方针政策、法律法规及规章制度办事，敢于反映真实情况，揭露弊端，对违法乱纪行为进行严肃处理。灵活性是指在坚持原则性的前提下，对具体问题进行具体分析，并进行适当处理。工会财务监督的目的是发现问题，纠正错误，惩罚处理只是方式，不是最终目的。在实际监督工作中，既不能不作深入调查就武断处理，也不能擅自变更、违反制度要求对原则性问题灵活处理。

对监督发现的问题进行分类研究。一是对现有制度规定不明确、不完善造成的问题，主要是督促有关单位采取完善制度，细化标准的方式进行处理。二是对一些特殊地区的比较特别、个别的情况，应充分考虑客观实际的复杂性，谨慎论证，灵活运用各项规章制度。在监督中帮助提出切实有效的解决方案，把握好分寸，做到既解决问题，又不违反制度要求。三是按照发现问题的性质、严重程度分情况对待。对于查处的违法、违规、违纪问题，要及时报告有关部门严肃查处，情节、性质严重的按法律规定移交司法部门依法惩处。对一些涉及金额不大、不涉及根本性原则的账务问题，要注重加大宣传和培训力度，纠正错误，以监督来促进财务管理工作的不断进步。

（六）监督与服务相结合原则

监督与服务相结合原则是要注重不断创新、改进监督的方式方法，找好工作着力点、侧重点，注重把服务思想融入工会财务监督工作中。要紧密围绕工会财务管理在现阶段要解决的重点问题，确定工会财务监督主题，把检查重点放到党中央对工会工作的指示要求上、放到全国总工会财务工作规划的核心内容上、放到职工群众关心的实际问题上。注意与被监督单位的工作衔接协调，强化沟通联系，结合被检查单位的实际情况和需要，制定监督方案。将监督检查提出的意见和建议与具体实际情况相结合，从制度完善、业务培训等多方面进行指导，与被检查单位形成工作合力，落实整改。以监督服务好工会的重点任务，维护好职工群众的经济利益，积极为被监督单位研究、解决工会财务管理中的难点问题，使监督工作能够切实服务被检查单位的财务管理工作，增强各单位自觉接受监督的意识，保证资金使用效果，增强各级工会服务维权的能力。

（七）廉洁执纪原则

廉洁执纪原则是指各级工会要严格按照党风廉政建设和中央八项规定精神，建立健全财务监督纪律制度，履行监督职责要廉洁自律、恪尽职守、秉公执纪。财务监督部门履行审批和检查职能要有组织、有程序、有纪律，遵守保密制度和回避制度，加强对监督人员的培训教育和监督管理。不得在财务审批和监督中，与被监督单位互相串通，违规审批，或提出不正当要求，报销个人费用。对下检查不得巧立名目大规模出动，向被检查单位提出过高的办公要求。不得私自泄漏检查信息，参加以公款支付的、影响执行检查公正性的娱乐活动或接受礼品馈赠。

二、工会财务监督的主要内容

各级工会要按照国家有关规定和《中华全国总工会关于加强工会财务管理、资产监督管理和经费审查审计监督的意见》，加强对工会经费收、管、用和工会企事业单位、社会团体财务活动的全面监督。

（一）对遵守党和国家各项法律、法规情况的监督

检查各级工会财务工作中遵守中央八项规定、《党政机关厉行节约反对浪费条例》等一系列党内法规制度，执行《工会法》相关制度，执行财政部、国税总局及其他部门制定的财经法规、制度的情况。

（二）对执行和完善工会各项财务规章制度情况的监督

检查各级工会按照工会厉行节约、廉洁办会的要求，细化工会经费开支标准，完善本级财务管理规章制度；对《工会预算管理办法》、《工会会计制度》、《基层工会经费收支管理办法》等制度，结合实际情况，制定实施细则；按照《行政事业单位内部控制规范（试行）》、《工会财务会计管理规范》要求，加强财务内部控制制度建设，工会经费开支实行工会委员会集体领导下的主席负责制，重大事项决策、重大项目安排和大额度资金使用事项集体研究、民主决策的情况。

（三）对工会预算和决算编制、审批、执行的监督

各级工会要严格执行工会预算制度，实行全面预算管理，细化预算编制，将本级各项收支全部纳入预算，基本支出执行

定员定额标准，切实加强项目支出预算管理，房屋建筑物购建、专项设备购置、大型修缮和其他重大预算项目应进行可行性论证分析，履行相关预算审批程序。要加强预算执行管理，严禁无预算、超预算支出。严格按照有关规定履行预算调整、追加审批程序，从严从紧控制追加预算。必要的追加预算，必须经有关部门审核，报工会委员会（常委会）或主席办公会议同意后，在预算内调整或动用预算预备费。

检查各级工会经费收支决算管理情况。建立工会经费财务决算报告制度，各级工会要及时、准确、完整的编报本级年度收支决算，汇总下一级工会经费收支决算，报上级工会审批。

（四）对工会经费收缴、计拨情况的监督

检查各级工会对税务代收、财政划拨、单位自缴等各类单位工会经费依法收缴，按计划完成的情况。逐步实现企业工会经费全部委托税务部门代收，行政机关和事业单位的工会经费足额列入预算，由财政统一划拨，通过国库集中支付到同级工会组织，加大对自缴单位的收缴力度。推进对未缴纳工会经费单位的处置、清理工作，查明未完成的原因，促进经费收缴任务足额完成，使工会经费收缴单位实现全覆盖，开具《工会经费收入专用收据》合法合规。

检查省级以下工会按照经费分成比例，及时足额上缴工会经费，按照全国总工会关于加大对基层工会经费支持力度的要求，各级工会经费分成比例的确定和拨付的情况，要确保重心下移，推动对基层工会经费补助大幅度提高。对检查中发现的截留、挪用情况，采取有效措施，予以处理。

（五）对项目资金专款专用、追踪问效的监督

检查各级工会收到上级工会下拨的项目补助资金管理情况。

全国总工会要按照《关于对下补助实行项目补助管理的通知》要求对申报项目补助管理、资金分配和拨付进行论证报批，对资金使用情况进行监督检查。省级工会财务部门负责资金落实到位，督促资金使用单位及时报告使用情况，开展资金绩效评价工作。资金使用单位要加强资金管理，提高资金使用效益。对截留挪用、改变资金用途的要追回下拨的项目补助资金或扣减有关省级工会下一年度的补助，并追究有关当事人和工会负责人的责任。

检查各级工会收到的财政补助资金管理情况。要按照财政部《关于进一步完善制度规定切实加强财政资金管理的通知》的要求，对财政补助资金特别是用于困难职工帮扶资金、劳动模范“三金”等专项资金的预算、申请拨款、监控使用、项目清理、绩效评价等进行全过程监督，建立起财政资金安全管理责任制，确保规范化、科学化使用。

（六）对工会经费支出情况的监督

检查各级工会贯彻落实中央八项规定精神，严控“三公”经费的情况。严格执行工会经费使用“八不准”和会议、出差、公务接待等相关规定，压缩工会行政经费。严格查处以各种名目虚列支出，转移、隐匿资金或向下级工会和企事业单位摊派、转嫁支出的行为。

要督促基层工会严格执行全国总工会制定的《基层工会经费收支管理办法》和各省级工会制定的实施细则要求，确保基层工会经费主要用于维护职工权益，如工资集体协商、劳动争议调解、法律援助、劳动保护等；用于提高职工素质能力，如开展职工培训、职业技能大赛等；用于开展各项职工文体活动等工会重点工作。

检查各级工会的建设工程、大型修缮、设备购置和购买公共服务等资本性支出情况。严格控制办公用房维修改造，严禁用工会经费超标准改造办公用房，确保大部分经费直接用于对下补助、服务职工，开展工会活动。

要按照《政府采购法》、《招标投标法》和《中央预算单位政府集中采购目录及标准》的规定范围和标准采取公开招标、批量集中采购、协议供货、网上竞价、定点采购等方式执行项目的采购工作。对基本建设项目管理情况进行全面监督，关注项目的预算审批执行、合同签订、项目资金使用与结算，竣工财务决算和审计等情况。

（七）对工会财务会计规范化建设情况的监督

检查各级工会会计机构、会计人员配备、岗位设置情况。县级以上工会应当设置会计机构、配备专职会计人员。县级以下工会应该根据需要设置会计机构，或在有关机构中设置专职会计人员。不具备独立核算条件的乡镇（街道）、开发区（工业园区）工会，可实行“上代下”管理模式。尚不具备独立核算条件的基层工会，应当委托专业机构代理记账或聘请兼职会计。

各级工会会计核算和电算化业务处理要符合《工会财务会计管理规范》要求，不得以虚假的经济业务事项或资料进行会计核算。要确保会计凭证、账簿、会计报表及其他会计资料的真实、合法、准确、完整。严格控制现金使用范围，大部分支出要实行银行转账或使用公务卡结算。

（八）对各级工会所属企事业单位和社会团体财务收支的监督

主要检查各企事业单位和社会团体预算、决算编制、上报、执行情况；上级补助资金使用绩效情况；单位财务内部控制制度建设和执行情况；企事业单位盈余收益上缴情况；上级工会要求的其他专项检查。

（九）对财务检查和审计中发现的问题落实整改的监督

检查各级工会接受检查、审计后的整改情况。要明确责任，提高整改报告质量，针对财务检查、审计发现的问题严肃认真的制定切实有效的整改措施。整改不能只停留在表面，要重点检查依纪依规整改的情况。

各级工会和所属企事业单位要建立责任追究制度，被检查、审计单位的主要负责人是第一责任人。要对违反法律法规和制度的行为，依法依纪追究相关人员的责任，情节严重的，要对负有领导责任的主要负责人或者有关领导干部进行严肃问责，并将检查、审计结果和整改情况运用到考核评价中去。

第三节　工会财务监督的形式

一、工会财务监督的主要形式

广义的工会财务监督按照内外部监督主体的不同，可以分为财务部门监督、经审监督、国家和社会监督、民主监督等形式。在此重点介绍工会财务部门实施的监督。各级工会财务部门要从不同角度，不断深化对财务监督形式的认识和理解，有效的组织和利用各种财务监督形式，运用创新的财务监督方法，完善财务监督流程和指标，充分发挥工会财务监督作用。

（一）按照财务监督的时段划分，可分为事前、事中、事后监督

1. 事前监督。

事前监督是指在财务活动实施前，对本级、下级工会及所属事业单位在编制、审核、批准预算以及作出重大财务活动决策时进行的监督，通过制定、规范、实行对工会财务活动的事前审批程序来实现监督职能。事前监督是预防性的监督，是把

监督做到预算、计划制定时和资金支付前，防止问题的发生，防患于未然。它对加强预算、计划、决策的准确性、合理性和可行性，避免因决策失误、计划不周造成的错误和损失，提高财务管理的工作质量和效率，尽可能的确保财务活动严格执行财务制度和纪律，都有非常重要的作用。目前对工会各项经济活动预算的编制审批，对下项目补助的审批就属于事前监督。

2. 事中监督。

事中监督是指在工会财务活动进行过程中所进行的监督，它贯穿于行政单位财务活动的始终，涉及各个方面。主要是本单位财务部门和财会人员通过对单位预算、财务收支计划、费用开支标准等执行过程中的审查、复核、结算等工作来实现。通过对经济事项办理过程中和预算执行过程中的监督，可以促使各单位依法组织收入、安全有效的使用资金。使单位各项收支能按照预算严格执行，不突破各项财务制度标准，确保开支的合理性、合法性。

3. 事后监督。

事后监督是指在工会财务活动发生以后对其预算执行结果，或某一项经济结束之后所进行的监督，一般在某项财务活动完成以后或在年终时进行，由于涉及面广、内容多、工作量大、要求高，应组织专业人员进行。事后监督主要通过对财务报表、账簿、会计凭证等资料的检查进行。监督重点是检查被查单位预算、财务收支计划完成情况，资金使用效果，财务收支内容是否符合规定，以及会计资料的真实性、准确性和完整性。通过监督，总结推广好的经验，从中查找问题，纠正错误事项，并督促制定改进措施，提高财务工作水平。

（二）按照财务监督的层级划分，可以分为自查监督和上级监督

1. 自查监督。

自查监督是指各级工会和所属企事业单位财务部门对本单位一定周期内的所有财务活动和管理情况进行的常规性、全面性检查，一般在预算年度终了时进行汇总和报告。各级工会组织及所属企事业单位应定期对本级财务工作进行自查，逐步建立财务状况自查报告制度。按半个或一个预算年度编制财务自查报告，包括财务状况说明和各类财务报表，其内容应涉及工会的财务人员状况、经费拨缴、预算执行、财务收支、会计核算、违规情况、风险防控、问题整改等各个方面，向本级工会委员会和上级财务部门进行汇报，并接受监督。自查监督可以督促各级工会财务部门定期进行财务状况分析和总结，提高工会财务部门的日常管理水平，强化本级财务监督工作的责任感、自觉性、科学性，便于上级部门及时、全面的掌握下级工会的财务收支和管理情况，汇总各种数据，有针对性的作出指导和督促，为财务制度的健全规范提供可靠的参考信息。

2. 上级监督。

上级监督是指各级工会按照“统一领导、分级管理”的工会财务管理体制开展的财务大检查，可以是对下级工会及所属企事业单位一定时期的全面财务活动检查，也可以是针对某项重点工作的检查监督。各级工会财务部门应根据工作需要，制定财务检查计划，确定检查人员、被检查对象、内容和任务、检查时间，组成检查组，按计划开展财务检查。上级财务部门可联合相关监督部门，或聘请专门机构或专业人员协助实施检查工作，综合运用制定调查问卷，实地考察，询问有关人员，审阅财务文件，核对账簿和报表，统计分析财务数据等方法收集资料、了解情况、检查取证。检查结束后要认真进行总结，

妥善保管资料，编写财务监督检查报告，并向本单位有关领导和上级部门提交报告。检查组向主管部门提交财务监督检查报告前，应当征求被检查单位的意见，被检查单位对财务监督检查报告有异议的，检查组应进一步核查、取证，对双方意见不一致问题作重点说明。上级财务部门依据监督检查报告，要及时出具检查结论或整改决定，被检查单位根据监督检查结论及时进行整改落实，并将整改落实情况书面报告上级财务部门。必要时，上级财务部门应对整改落实情况进行抽查。

（三）按照财务监督的内容划分，可分为预算监督、内控监督、会计监督、专项监督、绩效监督

1. 预算监督。

预算监督是指工会财务部门按照有关政策制度对预算编制和执行、预算绩效评价的监督，《预算法》和《工会预算管理办法》赋予了工会财务部门预算监管的职责。各级工会财务部门应当完善预算编制同步监督，运用预算编制信息化手段，利用预算信息化平台在预算编制环节，重点强化对部门单位人员的定额预算、部门专项、政府采购项目、结余资金、绩效目标等数据的审核，将分配职能充分体现在预算编制环节，完善细化预算编制和审批的程序。要凸显预算监督端口前移，提前介入，紧密结合财务管理的优势，加大对预算执行的监督力度，这是财务监督和管理的关键环节。通过监督着力提升预算编制和执行的科学性、准确性、时效性、严肃性，实现实时化、动态化监督。

2. 内控监督。

内控监督是指在各级工会中加强内部控制建设，对财务制度的执行进行监督，并随时纠正违规事项。健全完善的工会财务内控体系，其本身就具有牵制和监督功能，它通过审批经济事项，强化内部控制来实现监督职能。通过在日常工作中对预

算的编制、审批、执行的各环节进行重点监控和必要的延伸检查，对原始凭证、会计账簿、财务票据、实物款项进行严格审查和核算，真实、完整的记录和披露工会财务活动的全过程来实行监督。

3. 会计监督。

会计监督是指依照《会计法》和《工会会计制度》对会计工作的监督，利用正确的会计信息，对经济活动进行全面、综合的协调、控制、监督，以达到提高会计信息质量和经济效益的目的。它包括工会财务部门的会计机构和会计人员对单位经济活动过程的监督，单位负责人对本单位会计机构、会计人员工作的监督。会计监督是工会财务监督的基础，更是财务监督区别于其他监督形式独有的特点。财务部门应当认真履行这一重要职责，着力发挥会计监督的独特优势，坚持会计监督服务工会中心工作，特别是关系广大职工群众切身利益的工作。对各级工会开展会计监督检查，深入了解《工会会计制度》执行效果，分析问题原因，提出改进建议。加大对各级工会会计工作的监管力度，采取全面检查、定期检查和重点复查的方式对工会的会计信息质量进行检查，充分发挥会计监督涉及面广、检查深入的优势。

4. 专项监督。

专项监督是指对各级工会组织和所属企事业单位某一项财务活动进行规定性和临时性相结合的深入监督，具有针对性、时效性、灵活性的特点。

规定性监督是根据年度检查计划和有关制度进行的监督，如对列入检查计划的某一项财务活动进行系统检查，或是某个项目完成后，应向有关部门报送专题财务报告，接受监督部门的检查。临时性监督是根据工作需要进行的不定期监督，当有关部门要求配合进行，有迹象反映工会经费使用的某一方面出现问题时，可以临时组织突击检查。

专项监督的内容，应按照党中央对于工会工作的指导性意见，紧密围绕工会财务管理的重点工作，结合全国或各地工会财务工作实际情况，针对财务管理中的薄弱环节和亟须解决的问题，或是各级工会和职工群众反映较大的问题，经监督部门认真研究而设定。比如，对工会经费拨缴情况的监督，对工会“三公”经费使用情况的监督，对工会培训费、会议费开支情况的监督，对基层工会经费使用情况的监督等，都可以进行专项监督。专项监督可对工会财务活动进行深入的检查监督，从而更快速、更全面的发现问题，深挖根源，能及时有效的遏制违规行为的发生和扩大。

5. 绩效监督。

绩效监督是指各级工会根据设定的绩效目标，运用科学的监督标准和分析方法，对工会经费使用经济性、效率性和效益性实现程度进行的监督。绩效监督是工会经费支出管理的深化和延伸，主要作用是在有效开展经费支出合规性监督的基础上，科学、客观、全面的反映工会支出的实际产出和效果，找到与应当达到的绩效水平之间的差距，从而督促各级工会不断提高工会经费支出效益。

绩效监督重点关注与工会重点工作密切相关，具有社会经济影响的项目，主要运用于工会预算支出、项目补助资金、财政补助资金的效益性监督。实现绩效监督的核心是要确立科学的绩效评价指标和方法，遵循相关性、重要性、可比性、系统性、经济性原则，共性指标和个性指标相结合，必要时应会同用款部门共同制定。各级工会要按照《工会预算支出绩效评价管理暂行办法》的要求，完善绩效目标和评价指标体系，扩大工会经费预算支出绩效评价范围和结果的运用，督促工会经费的具体使用单位或部门提交绩效监督自评报告，及时进行整理、归纳，按照制度要求向上级工会报告绩效监督结果，并将其作为改进经费支出管理和安排年度预算的重要依据。

（四）信息化监督的探索

目前，工会财务监督的信息化建设还比较薄弱，信息技术和网络平台还没有被应用于财务监督，没有成为有效的工作载体和监督形式。要探索建立统一的全国工会监管信息平台，开发工会会员单位和工会经费信息统计管理软件，使全国总工会和各级工会、工会系统和财政税务等部门实现监管信息数据共享，形成有效的横向和纵向监管合力，将全国的基层工会、会员信息、经费拨缴情况统计起来，提高数据的真实性、及时性。

二、其他监督主体的监督

（一）经审监督

经审监督主要由经费审查委员会及其办公室（经费审查委员会的日常办事机构）具体负责日常工作。经费审查委员会及其办公室是独立于工会财务部门，专门对工会经费进行审查监督的单位。经审组织对工会经费及资产进行审查监督，主要为事后审计，是依法履行职能的行为，各级工会必须接受其审查监督。

（二）国家和社会监督

《工会法》第四十五条规定："工会经费的使用应当依法接受国家的监督。"主要有审计署审计监督、财政监督、纪检监督，社会审计机构监督等形式。由政府委派有关部门对工会经费使用情况、工会资产中财政所拨资金、工会业务中的有关项目进行监督。

（三）民主监督

工会财务接受民主监督，这是工会财务工作区别于企事业财务工作的一个显著特点，是由工会经费的性质所决定的。由于工会经费来自职工、用于职工，因此要接受职工群众的民主监督。这种民主监督的一般形式是工会经费收支情况向会员代表大会公布，基层工会组织还要定期向会员公布会费收支情况。

三、工会财务监督与审计监督的关系

工会财务监督与国家审计监督、工会经费审查监督（以下简称审计监督）既有明显区别，又有紧密联系。正确认识、处理好它们之间的关系，对于明确工会财务部门与经审部门的职责，配合好国家审计工作，充分发挥各类监督对于规范工会经济活动，促进工会财务管理都十分重要。

（一）财务监督与审计监督的联系

在实际工作中，财务检查在人员力量组织上常常需要工会经费审查部门的大力支持。近几年来，各地工会财务部门与经费审查部门互相借调人员，进行联合财务检查，共享审计成果，同抓整改落实等成为一种新的发展态势。而国家对工会审计监督的实施，按照有关规定的职能分工，更加离不开工会财务部门的密切配合和支持，两类监督形式通过相互协同，才能充分发挥监督的合力。

财务监督与审计监督都服务于工会工作，其政策依据、评价判断标准、监督主要内容和目标都是基本相同的。它们都是以国家、工会制定的有关法律法规、财务制度和《工会会计制度》为检查依据，以工会及所属单位的财务收支情况、执行规则制度情况、预算目标实现情况为监督重点，对经济活动的真实性、合法性、效益性进行评价。监督的目的是要及时发现和解决财务问题，保护工会资产安排完整，维护财经纪律，提高工会经费使用效益，促进工会财务管理水平。

（二）财务监督与审计监督的区别

1. 监督主体和程序不同。

财务监督是财务管理的重要职能之一，其主体是工会财务部门，客体是本级和下级工会财务活动的所有方面，财务人员在工作中进行自我监督，任何领导干部、工作人员都在被监督之列。财务监督的主要程序是通过制定计划、检查考核、分析评价、纠正偏差、修订制度等步骤，其环节相对灵活，没有特别硬性的程序规定。但是由于工会的所有经济活动都要纳入工会财务部门进行统一管理，财务监督部门对于检查结果可以更为方便的进行追踪和处理，具有指导、帮助改进与提高财务工作的优势。

审计监督的主体是审计署和工会经费审查委员会，是专门的审计机构或部门，组成人员除专业审计人员外必须是经过报批的相关部门人员，其客体主要是被审计单位及负责财务工作的领导干部。审计监督的程序规定是相对固定甚至是法定的，如出具审计通知书、制定审计工作方案、编写审计工作底稿、撰写审计报告，提出审计意见和结论，每个阶段都有明确具体的工作规定，各步骤有一定的顺序，不能相互轮换。审计工作的独立性和权威性较强，不受其他部门和个人的干涉，审计部门下达的审计决定、意见具有法定效力，要求被审计单位严格执行。但正是由于审计机构和部门的单设，不涉及具体的财务核算工作，所以对于审计结果也仅依靠被审计单位提供的审计整改报告进行监管，无法对真实的整改情况进行追踪和长效性指导，审计效果的实现程度还是取决于财务部门的后续监管力度。

2. 监督覆盖时点不同。

财务监督主要通过日常监督和财务检查的方式来实现，财务监督的一大优势是可以通过审批和会计监督对工会全部业务工作实现经常性财务监督。工会财务部门通过对经济业务进行计量、记录、分类和汇总，从而形成会计资料即会计信息，这种会计信息是一切财务管理和监督的基础。财务部门通过会计监督可以对工会经济活动进行纵向管理，包括事前监督（如计划和审批）、事中监督（如日常财务核算）和事后监督（如检查、审核），这种监察与督促随着经济活动而进行，贯穿经济活动的始终，能够实现全方位、全时间段监督覆盖。在日常监督之外，财务部门还可以随时根据日常业务的需要，适时开展对执行财经纪律、资金和资产管理等情况的重点、专项财务检查，或按照上级主管部门要求进行检查部署，具有随机性、及时性和针对性，在一个会计年度中随时可以开展。

审计监督作为一项独立的经济监督活动，审计项目一般应纳入年度工作计划，特殊项目如开展经济责任审计，还必须经过工会相关部门的授权和委托。审计署和工会经费审查部门的审计工作一般只在会计年度终了进行一次，主要是进行事后监督，不能对财务问题的发生进行预先的防范和随时纠偏，审计结果也只能对问题进行客观描述，对相关责任人员进行处理、处罚，并且审计监督有相对固定的审计时间和专门的审计派出人员，审计人员专司监督职责，不参与具体的财务核算业务，对于被检查单位的财务工作和制度设定还要有一个熟悉的过程。审计监督受审计时间和人员的限制，对被审计单位的检查更多的是设定几个侧重点，一次审计监督不能对财务工作的问题进行深入和全面的发现。

3. 监督方法不同。

财务监督主要是通过审核和审批工会预算、决算、对下项目补助款项，检查会计账簿、财务报表，资金收付和存储，财务法规制度执行情况来实现监督。财务监督不仅包括对工会经费收支合法合规性的检查，还包括对工会财务制度的完善和执行，基层工会各项财务数据的收集、整理和分析，工会财务干部队伍建设的促进等各个方面的检查，是通过财务监督实现对全国工会系统整体财务管理和运行的评价、分析和控制。上级财务部门对下级单位的财务管理和经费使用情况进行定期考评，根据有关规定，制定考评标准及细则，将考评结果作为单位年度工作综合考评和干部考核的内容之一，运用检查结果调控预算项目和补助款项，是财务监督特有的方法，有别于审计监督。

审计监督主要是对被审计单位的财务收支委托审计机构进行审查和评价的行为，它的方法是一套相对独立、完整的体系，主要是检查账目、查询函证、计算复核等。审查重点是对会计工作进行检查，包括会计凭证、账簿、会计报表和财务计划等，从而检查财务收支的正确性、完整性和合法性，而不会过多涉及财务管理的其他方面。

第四节 工会财务监督处罚规定

根据《中华全国总工会关于加强工会财务管理、资产监督管理和经费审查审计监督的意见》，各级工会要对工会经费实行全面监管，各级工会的经费收支情况必须做到公开透明。要建立责任追究制度，对违反法律法规和制度的行为，依法依规追究相关人员的责任，并对负有领导责任的主要负责人或有关领导干部进行问责。各级工会对于财务监督中发现的问题有处理和追究的职责，而各级工会财务部门是具体执行部门，负责对财务违规行为的制止和纠正。根据相应的规定，区别情况采取及时、有效的处理措施，维护财经纪律的严肃性，才能避免造成更大的损失。按照现行法律、全国总工会各项制度，主要有以下几个方面的处理规定。

一、工会经费拨缴方面的处罚规定

《工会法》第四十四条规定，企业、事业单位、社会组织无正当理由拖延或者拒不拨缴工会经费，基层工会或者上级工会可以向当地人民法院申请支付令；拒不执行支付令的，工会可以依法申请人民法院强制执行。第五十六条规定，工会工作人员违反本法规定，损害职工或者工会权益的，由同级工会或者上级工会责令改正，或者予以处分；情节严重的，依照《中国工会章程》予以罢免；造成损失的，应当承担赔偿责任；构成犯罪的，依法追究刑事责任。《关于截留、挪用应上解工会经费处罚的暂行规定》第四条规定，对各级工会组织和有关责任人（包括主管领导和经办人，下同）截留、挪用应上解工会经费的行为，除责成其认真作出书面检查，并限期全部补缴上解经费外，应根据事实和情节以及检查的态度，分别给予处罚和处分。

二、工会预算执行方面的处罚规定

《工会预算管理办法》第六十二条规定，各级工会、各预算单位有下列行为之一的，责令改正，对负有直接责任的主管人员和其他直接责任人员追究行政责任。（一）未按本办法规定编报本级预（决）算草案、预算调整方案和批复预（决）算的；（二）虚列收入和支出的；（三）截留、挪用、拖欠拨缴经费收入的；（四）未经批准改变预算支出用途的。第六十三条规定，各级工会、各预算单位及其工作人员存在下列行为之一的，责令改正，追回骗取、使用的资金，有违法所得的没收违法所得，对单位给予警告或者通报批评；对负有直接责任的主管人员和其他直接责任人员依法给予处分：（一）虚报、冒领预算资金的；（二）违反规定扩大开支范围、提高开支标准的。

《工会预算支出绩效评价管理暂行办法》第三十条规定，

各级工会应当及时整理、归纳、分析、反馈绩效评价结果，并将其作为改进预算管理和安排年度预算的重要依据。对绩效评价结果较好的，本级工会予以表扬或继续支持。对绩效评价发现问题、达不到绩效目标或评价结果较差的，本级工会可予以通报批评，并责令其限期整改。不进行整改或整改不到位的，应当根据情况调整项目或相应调减项目预算，直至取消该预算支出。

《全总机关财务管理若干规定》第三十三条规定，全国总工会财务部对日常财务监督中发现的问题，要立即下达整改通知，督促有关单位限期纠正和整改，对未落实整改的单位，暂时停止执行预算和各项支出。对发现的重大问题，财务部要提出初步处理意见，上报全国总工会分管财务工作的领导和全国总工会书记处，并按照全国总工会书记处决定进行处理。

《财政部关于印发〈职工困难帮扶资金管理办法〉的通知》第十三条规定，帮扶资金的管理使用应当依法接受财政、审计、纪检监察等部门和社会的监督。对于违反规定取得帮扶资金的，应当按照《中华人民共和国预算法》、《财政违法行为处罚处分条例》等有关规定追究相应责任；构成犯罪的，依法追究刑事责任。财政部将收回相关帮扶资金。工会、相关单位及其工作人员在帮扶资金申请、审核、分配过程中，存在违反本办法规定以及其他滥用职权、玩忽职守、徇私舞弊等违法违纪行为的，按照《中华人民共和国预算法》、《中华人民共和国监察法》、《财政违法行为处罚处分条例》等有关规定追究相应责任；构成犯罪的，依法追究刑事责任。《中央财政职工困难帮扶资金项目管理实施细则》第二十六条规定，项目有关单位依法接受财政、审计、纪检监察等部门和社会的监督。省级工会应当加强对项目资金使用的监管，保证项目科学、合规运行。全国总工会加强对各地项目资金使用管理等情况监督检查。对于违反规定取得帮扶资金的，应当按照《中华人民共和国预算法》、《财政违法行为处罚处分条例》等有关规定追究相应责任；构成犯罪的，依法追究刑事责任。全国总工会按照有关规定收回资金。工会、相关单位及其工作人员在帮扶资金申请、审核、分配过程中，存在违反本办法规定以及其他滥用职权、玩忽职守、徇私舞弊等违法违纪行为的，按照《中华人民共和国预算法》、《中华人民共和国监察法》、《财政违法行为处罚处分条例》等有关规定追究相应责任；构成犯罪的，依法追究刑事责任。《关于对下补助实行项目补助管理的通知》规定，全国总工会财务部负责组织相关部门对申报项目补助管理、资金分配和拨付进行论证报批及对资金使用情况进行监督检查。对截留挪用、改变资金用途的，全国总工会要追回下拨的项目补助资金或扣减有关省级工会下一年度的补助，并追究有关当事人和工会负责人的责任。

三、工会财务监督方面的处罚规定

《工会财务监督暂行办法》第二十四条规定，财务监督发现的违规违纪违法行为，根据情节轻重分别给予处理：（一）责令立即停止违规行为并予以纠正；（二）责令停止执行与国家和上级工会相抵触的相关规定；（三）停止拨付与违规行为直接有关的款项，已经拨付的，责令其暂停使用并追回余款；（四）责令追回被截留、挪用的款项；（五）追回违规开支款项；（六）对涉嫌违纪违法犯罪的问题线索，应移交纪检监察或司法机关查处。第二十五条规定，财务监督工作人员实施监督过程中滥用职权、徇私舞弊、玩忽职守、泄露秘密的，由所在单位依规依纪给予处理；涉嫌违纪违法或犯罪的，移交纪检监察或司法机关查处。

四、全国总工会本级企事业单位管理方面的处罚规定

《关于加强全总本级企事业单位财务管理的若干规定》第十九条规定，全国总工会财务部对日常财务监督中发现的问题，要立即下达整改意见，要求有关企事业单位限期予以纠正和整改；发现的重大问题，由全国总工会财务部提出初步处理意见后，上报全国总工会书记处，并按照全国总工会书记处决定对有关单位下达整改意见。有关单位要根据整改意见在规定期限内整改；对未落实整改意见的单位，暂时停止对其项目预算执行的审批。第二十条规定，对违反财经纪律、法规和制度，有下列行为的，要追究有关企事业单位和有关人员的责任，由全国总工会财务部或全国总工会经审办、全国总工会机关纪检等部门和单位依纪依规严肃处理。（一）伪造、变造虚假合同、发票，骗取资金。（二）擅自改变预算资金的性质和使用范围，截留、挪用项目资金，报销与项目无关的开支。（三）利用工作之便违规套取现金。（四）私设“小金库”，不按规定核算收支，账外核算或账外设账。（五）擅自转让、转借、代开收费票据。（六）其他严重违反财经纪律、法规和制度的行为。

综上，从处理措施上分析，主要分为：责令整改、责令赔偿损失、停止预算执行和支出审批、减拨或停拨资金、追回或扣减下拨补助、追回违规所得资金。

各级工会财务部还可以上报上级主管领导，根据情节程度，对负有直接责任的单位和个人，按照有关规定追究其责任，处理措施有口头或书面警告，取消奖励评先资格，通报批评，记过、降级、撤职等处分。上级工会的财务部门，应对处罚决定的执行情况进行检查、监督，对拒不执行处罚决定的工会组织和有关责任人，可建议同级党委纪检部门追究有关领导的责任。对于财政补助资金方面存在的违法违规行

为，还应按照财政相关处罚规定处理，构成犯罪的依法追究刑事责任。对于财务监督中发现的问题进行处理、处罚也是财务监督的重要手段之一。

思考题：

1. 工会财务监督的层次划分与职责是什么？
2. 工会财务监督事前、事中和事后相结合的原则是什么？
3. 简述工会财务监督与审计监督的联系与区别。

参考文献

1. 习近平 . 习近平谈治国理政［M］. 北京：外文出版社，2014.

2. 习近平 . 习近平谈治国理政（第二卷）［M］. 北京：外文出版社，2017.

3. 习近平 . 习近平谈治国理政（第三卷）［M］. 北京：外文出版社，2020.

4. 习近平 . 习近平谈治国理政（第四卷）［M］. 北京：外文出版社，2022.

5. 中华全国总工会 . 中国特色社会主义工会发展道路学习读本［M］. 北京：中国工人出版社，2012.

6. 中华全国总工会财务部 . 工会财务制度文件选编（2015 版）［M］. 北京：中国工人出版社，2015.

7. 中华人民共和国财政部 . 政府会计制度——行政事业单位会计科目和报表［M］. 北京：中国财政经济出版社，2017.

8. 中华人民共和国财政部 . 2022 年政府收支分类科目［M］. 北京：中国财政经济出版社，2021.

9. 中华人民共和国财政部 . 工会会计制度［M］. 北京：中国财政经济出版社，2021.

10. 中华全国总工会财务部 . 工会会计制度讲解［M］. 北京：中国工人出版社，2021.

11. 中华全国总工会财务部．工会财务制度文件选编（2022版）[M]．北京：中国工人出版社，2022.

12. 中华全国总工会组织部．中华全国总工会组织机构沿革（第2版）[Z]．2018.

后　记

《工会财务工作概论》是全国工会干部培训基础教材之一。

本次出版的《工会财务工作概论》是在2018年版本基础上由全国总工会财务部负责修订。参加修订工作的人员有：包培亮、王照鑫（第一章），胡兴华、彭济海、崔睿（第二章、第三章第二节、第五章第一节），罗政煜、毛蓓（第三章第一、三、四节），武小远（第四章），王崇彬、王秀兰（第五章第二、三、四节），张媛（第六章）。综合处负责统稿，全书最后由朱虎祥同志定稿。

由于编者水平有限，本书难免存在不足和疏漏之处，诚恳地欢迎广大读者批评指正。

编　者

2023年3月